성서와 리더들
Bible and Leaders

성서와 리더들

2010년 3월 15일 초판 발행
2017년 2월 25일 수정판 5쇄 발행

지은이 | 이사야 · 서형석
펴낸이 | 이찬규
펴낸곳 | 북코리아
등록번호 | 제03-01240호
주소 | 13209 경기도 성남시 중원구 사기막골로 45번길 14 (우림2차) A동 1007호
전화 | 02-704-7840
팩스 | 02-704-7848
이메일 | sunhaksa@korea.com
홈페이지 | www.북코리아.kr
ISBN | 978-89-6324-061-9 (93230)

값 12,000원

성서와 리더들
Bible and Leaders

이사야 · 서형석 지음

북코리아

머리말

이 책 〈성서와 리더들〉은 방대한 성서의 분량을 다 소개하기보다는 역사와 인물 중심으로 선별한 풀어 읽기를 시도합니다. 특정 인물로 선별한 것은 이 책의 목적이 학문적인 파고들기에 있지 않고, 기독교 대학의 교양과목에서 성서의 인물들을 소개하기 위함이기 때문입니다.

1부 "성서의 일반적 이해"는 기독교의 경전인 성서의 전체적인 구조와 지리적 · 역사적 배경과 흐름을 소개합니다. 성서는 어느 날 갑자기 뚝 떨어진 마법의 책이 아니라, 구체적인 역사 속에서 들려 주시는 하나님의 말씀인 것을 확인하고자 합니다. 2부 "오경의 주인공들"에서는 구약성서의 오경에 나오는 친숙한 인물들, 이를테면 아담과 하와, 아브라함, 모세 등을 소개합니다. 성서는 이들을 통해 기독교가 말하는 창조신앙과 구속신앙이 무엇인지를 들려 줍니다. 3부 "구약 역사서의 리더들"은 구약성서의 역사서에 등장하는 대표적인 인물들을 다루었습니다. 왕정 이전의 여호수아와 사사들, 그리고 처음 왕들이었던 사울과 다윗, 솔로몬, 분열왕국시대의 르호보암과 여로보암, 구약시대 종교개혁의 주인공들인 히스기야와 요시야를 살펴봅니다. 역사란 하나님께서 활동하시는 무대인 동시에 하나님이 우리를 들어 쓰시는 현장이기도 합니다. 이 부분은 〈기독교세계〉(kmc)에 "신명기역사서의 리더들"이라는 제목으로 연재된 내용 중 일부입니다. 그리고 4부 "신약에서 만나는 리더십"에서는 기독교와 성서의 중심이신 예수님께 집중하고자 합니다. 그리고 예수님의 주요 제자들인 바울, 요한, 야고보, 베드로를 중심으로 신약성서가 말하는 리더십을 소개합니다. 그들을 통해 이 시대에 준비된 리더로 쓰임받기를 소망해 봅니다. 이 모든 인물들이 한 번쯤은 다들 들어 보았을 이름들일 것입니다. 그리고 마지막 부록에서는 필자들에게 성서를 가르쳐 주신 스승 박준서 교수님의 책 〈십계명 새로 보기〉를 일부 발췌해서 실었습니다. 스승의 가르침은 필자들의 이 글 속에도 군데군데 배어 있습니다.

작은 책이지만, 기독교와 성서에 대한 이해의 지평을 조금이나마 넓혀 주었으면 하는 욕심을 부려봅니다. 여기서 만나는 성서의 "그때, 그 사람들"을 통해 기독교와 기독교의 경전인 성서를 조금 더 가깝게 접하고자 하는 마음을 지닌 캠퍼스의 젊은 청년들에게 도움이 되기를 바라는 마음 간절합니다.

이 사 야 · 서 형 석

CONTENTS

1

성서의 일반적 이해

1. Two Testaments in One Bible
2. 성서의 지리적 배경
3. 성서의 역사적 흐름

1

Two Testaments in One Bible

물어 보자. 기독교의 경전을 말할 때 "성경(聖經)"이라는 표현이 맞을까, 아니면 "성서(聖書)"라는 표현이 맞을까? 우리나라를 사이에 두고 중국에서는 주로 성경이라 부르고, 일본에서는 성서라 부른다. 가만히 보면 우리말 성경 표지에는 "성경전서(聖經全書)"라고 적혀 있다. 우리가 성경이라고 부르는 것은 이 성경전서의 처음 두 글자를 딴 이름이고, 성서라고 부르는 것은 첫 글자와 뒷 글자를 따서 부를 때의 이름이다. 성경으로 부르든, 성서라고 부르든, 잊지 말아야 할 것은 이 책은 하나님이 우리에게 주신 가장 귀한 말씀을 담고 있는 은혜의 선물이라는 점이다.

이 성경 혹은 성서 안에는 구약(Old Testament)과 신약(New Testament)이 들어 있다. 즉 하나의 바이블 안에 두 개의 언약이라는 구조를 지니고 있다(Two Testaments in One Bible). 이 둘은 서로 대칭되는 말이다. 신약이 없이는 구약이 있을 수 없고, 마찬가지로 구약이 없다면, 신약이라는 이름도 있을 수 없다. 히브리어로 기록된 구약 안에는 39권의 책이 있고, 헬라어로 기록된 신약 안에는 27권의 책이 있다. 구약이 신약보다 먼저 생겼다는 것은 누구나 다 아는 사실이다. 그러나 아이러니하게도 이름에 있어서는 구약이라는 이름보다 신약이라는 이름이 먼저 생겨났다고 볼 수 있다. 신약성경을 형성하는 책들이 등장했을 때, 구약성경의 예레미야 31장 31절에 나오는 "새언약(new covenant)"이라는 말씀에서 신약(新約)이라는 명칭이 유래되었고, 이에 따라 기존에 있던 39권의 책을 구약(舊約)이라 부르게 되었기 때문이다. 그렇다면, 신약성경이 존재하지 않던 때에는 구약성경을 뭐라고 불렀을까?

히브리어 성경, 타낙(Tanak)

우리가 읽는 구약성서는 원래 히브리 사람들에 의해 기록되고 그들에 의해 읽히던 책이다. 히브리 사람들은 그 책의 이름을 타낙(TaNaK)이라고 불렀다. 타낙의 T, N, K는 각각 오경(Torah)과 예언서(Neviim), 성문서(Kethuvim)의 첫 번째 글자를 뜻한다.

오경 (토라:Torah)	창세기, 출애굽기, 레위기, 민수기, 신명기

예언서 (네비임:Neviim)	① 전기 예언서 : 여호수아, 사사기, 사무엘상, 사무엘하, 열왕기상, 열왕기하 ② 후기 예언서 : 이사야, 예레미야, 에스겔, 소예언서(호세아부터 말라기까지)
성문서 (케투빔: Kethuvim)	① 시서 : 시편, 잠언, 욥기 ② 다섯 두루마리 : 아가, 룻, 애가, 전도서, 에스더 ③ 묵시록 : 다니엘 ④ 역사서 : 역대상, 역대하, 에스라, 느헤미야

창세기에서 신명기까지의 5권을 "오경" 혹은 "율법서"라 부르는데, 지금도 유대인들은 오경을 성경 중 가장 중요한 부분으로 간주하고 있다. 예언서는 전기 예언서와 후기 예언서로 나뉘는데, 자신의 이름으로 기록된 책이 있는 예언자들은 모두 후기 예언서의 예언자에 속한다. 성문서는 각각 시서와 다섯 두루마리, 묵시록과 역사서로 구성되는데, 이 중 다섯 두루마리는 유대인의 절기 때에 읽히는 책들이다(아가-유월절, 룻기-칠칠절, 애가-예루살렘멸망일, 전도서-장막절, 에스더-부림절).

우리말 구약성서

지금 우리가 가지고 있는 구약성서는, 히브리어 성경과는 달리, 크게 네 부분으로 구분된다.

오경	창세기, 출애굽기, 레위기, 민수기, 신명기
역사서	여호수아, 사사기, 룻기, 사무엘상, 사무엘하, 열왕기상, 열왕기하, 역대상, 역대하, 에스라, 느헤미야, 에스더
시가서	욥기, 시편, 잠언, 전도서, 아가서
예언서	이사야, 예레미야, 예레미야애가, 에스겔, 다니엘, 호세아, 요엘, 아모스, 오바댜, 요나, 미가, 나훔, 하박국, 스바냐, 학개, 스가랴, 말라기

창세기에서 신명기에 이르는 "오경"은 타낙에서처럼 맨 앞에 위치하고 있다.

여호수아에서 에스더까지의 12권을 "역사서"라고 하는데, 타낙의 전기예언서 여섯 권과 성문서의 역대상 · 하와 에스라, 느헤미야가 여기에 해당한다. 룻기와 에스더서는 그 시대가 각각 사사 시대와 페르샤 시대를 배경으로 하고 있어서 사사기 다음과 느헤미야 다음에 배열되었다. 여기에는 주로 왕정을 중심으로 한 이스라엘의 역사, 즉 하나님이 선물로 주신 가나안 땅의 정복과 사사 시대, 사울-다윗-솔로몬으로 이어지는 왕정의 시작과 통일왕국 시대, 왕국의 분열과 멸망, 그리고 바벨론 포로 시대와 귀환시대 등 이스라엘의 중요한 역사 이야기가 기록되어 있다.

욥기에서 아가서까지의 5권은 "시가문학"이라 하는데, 주로 운문으로 기록되었고, 책의 순서는 태어난 사람의 순서대로 배치되어 있다. 대부분이 다윗의 작품으로 구성된 시편이 솔로몬의 작품인 잠언, 전도, 아가서보다 먼저 등장한다. 즉 아버지의 작품이 아들의 작품보다 먼저 등장하는 구조를 지니고 있는 것이다.

이사야에서 말라기까지의 나머지 17권을 "예언서"라고 부르는데, 책의 분량이 많은 이사야, 예레미야, 에스겔을 대(大)예언서라고 부르고, 분량이 적은 호세아에서 말라기까지의 책을 소(小)예언서라고 부른다. 소예언서 12권을 전부 합하면 대예언서 한 권 분량과 비슷하다. 예레미야애가는 예언서는 아니나 전통적으로 예레미야가 저자라고 생각하기에 예레미야서 다음에 위치하고, 다니엘은 대예언자는 아니나 분량과 내용적인 면에서 편의상 예언서에 포함되었다.

이와 같은 구조는 시간적으로 볼 때, 율법서와 역사서는 이스라엘 사람들의 과거에 있었던 사건을, 시가문학은 현재의 의미를, 예언서는 미래의 소망을 담는다는 의미를 지니고 있다. 지금 우리의 시각으로 볼 때는 모두 지나온 과거의 이야기와 말씀들이지만, 신약성서와 함께, 21세기의 최첨단 시대에도 여전히 살아 있는 말씀으로 우리에게 들리는 이유는, 이 책이 세상의 다른 책들과는 달리, 시공간을 초월한 하나님의 "말씀"을 담고 있기 때문이다.

구약성서의 근거에는 주요한 근본정신이 있다. 이는 이스라엘의 야웨신앙이다. 왕, 제사장, 선지자, 군인 등 다양한 부류의 사람들이 하나님 야웨를 향한 그들의 신앙을 시, 찬송, 제사, 이야기, 역사서술 등의 다양한 방식을 통해 드러낸 것이다.

신약성서

복음서	마태복음, 마가복음, 누가복음, 요한복음(제4복음서)
역사서	사도행전
바울서신	데살로니가전서, 고린도전서, 고린도후서, 빌립보서, 빌레몬서, 갈라디아서, 로마서
제2 바울서신	데살로니가후서, 골로새서, 에베소서, 디모데전서, 디모데후서, 디도서
공동서신	베드로전서, 베드로후서, 야고보서, 유다서, 요한1서, 요한2서, 요한3서, (히브리서)
묵시록	요한계시록

신약성서 중 제일 먼저 기록된 책들은 바울서신이다. 바울서신은 주로 바울이 전도 활동하던 교회에 생겨난 여러 가지 신앙적 · 윤리적 문제들에 대하여 신앙적 권고들을 한 편지들이다. 즉 특정한 상황 속의 교인들을 위하여 쓴 것이다. 복음서는 신약성서 중에서 가장 늦게 기록된 책들이지만 예수님의 생애와 말씀에 대한 기록을 담고 있기에 앞에 위치하고 있다.

신약성서는 시대가 다른 여러 책들로 구성되어 있으나 전체적으로 통일성을 유지하고 있다. 통일성이란 여러 책들로 기록된 신약성서의 중심과 귀착점은 "예수 그리스도"라는 점이다. 즉 예수 그리스도에게서 통일성을 갖게 된다. 그러면서도 신약성서는 여러 저자들에 의해, 각각 다른 장소에서, 각각 다른 시대에 다른 목적으로 쓰인 책이기 때문에 로마서와 야고보서의 믿음의 개념차이라든지, 종말에 대한 개념의 차이 등에서 다양성을 지니고 있다.

2

성서의 지리적 배경

구약성서는 우리와 다른 시대, 다른 장소에서 태동된 작품이다. 시기적으로도 멀리 떨어져 있을 뿐 아니라 지리적으로도 거의 지구 반대편에서 일어난 일들을 담고 있다. 그래서 구약성서에 나오는 지명들을 읽으면서 생소한 느낌이 드는 것은 전혀 이상한 일이 아니다. 그러나 생소하다고 해서 멀리할 수는 없다. 우리가 성서를 보다 올바로 이해하기 위해서는 성서의 지리적 배경에 대한 이해는 반드시 거쳐야 하는 과정이다.

구약성서와 신약성서의 분량을 비교해 보면 구약은 신약의 세 배 정도에 달한다. 분량이 많은 만큼 구약성서가 다루고 있는 내용도 다양하다. 그러나 구약성서를 태동시킨 지리적 세계는 그리 넓지 않다. 창세기 1장 1절("태초에 하나님이 천지를 창조하시니라")을 제외시킨다면 구약성서의 지리적 범주는 소위 "비옥한 초승달 지역"

(Fertile Crescent)으로 국한된다. 우리가 가지고 있는 성경책 뒤에는 흔히 성서지도가 첨부되어 있다. 그 지도를 펴 놓고 이 비옥한 초승달 지역에 나오는 바다와 강, 문명, 도시 등을 살펴보자.

비옥한 초승달 지역(Fertile Crescent)

인류역사는 4대 문명을 간직하고 있다. 이집트 문명과 메소포타미아 문명 그리고 인더스 문명과 황하 문명이 그것이다. 이 문명들의 공통점은 모두 강을 끼고 비옥한 지역에서 발생했다는 것이다. 그 중 두 문명이 지리적으로 구약성서와 관련이 있다. 이집트 문명과 메소포타미아 문명이다. 이 두 문명 사이에 성지 가나안이 위치한다. 이집트와 메소포타미아, 그리고 그 사이에 존재하는 가나안 땅을 빗금으로 연결해 보면 그 모습이 흡사 초승달 모양을 연상하게 한다. 프랑스인들이 아침마다 먹는 빵의 모양이 초승달을 닮았다고 하여 크루아상(croissant)이라는 빵 이름이 생긴 것처럼, 이 비옥한 구약성서의 지리적 배경이 초승달을 닮았다 하여 비옥한 초승달 지역이라고 불린다.

메소포타미아(Mesopotamia)

걸프만 위쪽으로 두 개의 강, 유프라테스와 티그리스가 흐른다. 이 두 강은 코브라의 혀처럼 갈라져 보이는데, 사실은 각각 다른 곳에서 발원하여 페르시아 만 앞에서 합쳐져서 바다로 흘러 들어간다. 이 두 강 사이에 있는 땅이 바로 메소포타미아이다. 성서는 이 지역을 메소포타미아보다는 시날 평지라는 이름으로 더 자주 소개한다. 전역사 이야기의 마무리를 형성하는 창세기 11장은 바벨탑 사건을 소개하면서 "이에 그들이 동방으로 옮겨 시날 평지를 만나 거기 거하였다"고 말한다(2절). 헬라어로 메소(meso)는 둘 사이에(between)라는 뜻을 지니고 있고, 포타미아(potamia)란 강들(rivers)이라는 뜻이다. 그래서 메소포타미아란 "두 강(유프라테스와 티그리스) 사이에 있는 땅"을 말한다. 이 메소포타미아 하단부에 갈대아 우르가 있었다. 아브라함의 고향 갈대아 우르가 속해 있던 이 지역은 고대 바벨론 지역(지금의 이라크)으로 일찍부터 문명이 발달했고, 바벨탑이 여기 어딘가에 세워진 것으로 생각된다. 티그리스-유프라테스 강의 상류에서는 고대 오리엔트 지역을 최초로 통일하며 북이스라엘을 멸망시킨 강대국 앗시리아가 위치했다. 또한 구약성경에 나오는 마지막 초강대국이자, 오리엔트 지역을 두 번째로 통일하며, 바벨론을 멸망시킨 페르샤제국(지금의 이란)은 페르시아 만의 동쪽에 위치하고 있었다.

시내반도(Sinai Peninsula)와 홍해(Red Sea)

이집트 오른쪽에는 돼지 족발 모양의 바다가 시내반도를

둘러싸고 있다. 시내 반도의 이름은 반도 아래 지역에 위치한 돌산의 이름을 따서 명명되었다. 시내 산(Mt. Sinai)이다. 성서에서 시내 산은 전승에 따라 호렙산이라고도 불린다. 이 시내 산을 현대 아라비아어로는 예벨무사(Jebel Musa), 즉 "모세의 산"이라고 한다. 출애굽 한 이스라엘 공동체는 모세를 중심으로 홍해를 건너 이 산에 정착해서 그들이 믿고 있던 하나님 야웨와 거룩한 계약을 맺었다. 거기서 하나님 야웨(Yahweh)는 이스라엘의 하나님이 되고 이스라엘은 하나님의 백성이 된다는 계약을 맺으면서 십계명을 위시한 율법을 부여받았다. 모세가 그 율법을 부여받은 장소가 바로 시내 산이기에 시내 산을 예벨무사라고도 부르는 것이다.

신학자들 사이에서는 이스라엘 백성이 건넌 홍해(Red Sea)가 실제로 어디에 있는 바다인가 하는 문제가 아직도 그 귀착점에 이르지 않고 있다. 하지만 전통적으로 홍해는 시내반도 왼쪽에 위치한 바다로 여겨지고 있다. 성서는 이집트에서 성지 이스라엘로 가는 빠르고 편한 길이 있었지만(블레셋 사람의 땅의 길, the way of the land of Palestine), 하나님이 이스라엘을 그 좋은 길로 인도하지 않으시고 어렵고 힘든 길이지만 광야의 홍해길로 인도하셨다고 전하고 있다(출13:17). 1970년대에 이스라엘 여성 고고학자 도단(T. Dothan)은 블레셋 사람의 땅의 길이 위치하는 가자(Gaza) 지역을 발굴하면서 대규모 이집트 국경 수비대가 자리 잡고 있었음을 밝혀낸 바 있다. 하나님이 출애굽 한 이스라엘 백성을 굳이 홍해를 건너게 하시며 광야를 가로지르게 하신 것은 바로 이 때문이다. 아무리 많은 수적 우세를 차지하고 있더라도 훈련받지 않은 오합지졸에 불과한 이스라엘 백성이 정예군대를 만나면 후회하여 환애굽(17절, 전쟁을 보면 뉘우쳐 애굽으로 돌아갈까…)할 수도 있었기 때문이다.

가나안(Canaan) / 팔레스틴(Palestine)

비옥한 초승달 지역에서 그 중심을 차지하고 있는 곳은 성지 가나안이다. 지중해와 '갈릴리-요단강-사해' 사이에 위치한 이 땅을 성경은 "가나안" 땅, "젖과 꿀이 흐르는 땅"으로 소개하고 있고, 여호수아 시대에는 이스라엘(언약의 민족의 땅)로, 그리고 로마황제 하드리안(Hadrian)에 의해 "팔레스타인"으로 그 이름이 변해 온 땅이다. 가나안 땅의 크기는 우리나라 한반도 크기의 약 1/8 (경기도와 강원도를 합친 정도)밖에 되지 않는 작은 땅이다.

팔레스틴 남쪽의 사막지역을 네게브(Negeb)라고 하는데, 히브리어 네게브는 사막지역을 가리키는 고유명사로 번역되기도 하고, "남방"으로 번역되기도 한다. 이는 네게브사막이 팔레스틴 남쪽에 위치하고 있기 때문이다.

지중해(Mediterranean Sea)

성지 가나안 왼쪽에는 지중해가 위치하고 있다. 고대 이스라엘 사람들이 볼 수 있던 가장 큰 바다였기 때문에 "대해(大海, The

Great Sea)"라 불리기도 하고, 성지의 왼쪽에 위치하고 있기 때문에 서해(西海, West Sea)라고 불리기도 한다. 메마른 광야로 형성된 가나안 동쪽에서 뜨겁고 건조한 바람이 불어 오는데 비해, 지중해 쪽에서 불어 오는 바람은 따뜻하고 촉촉한 습기를 담고 있기 때문에 성서 본문은 여기서 불어 오는 바람을 하나님의 은혜로 표현하기도 한다.

사해(Dead Sea)

이 바다는 지구상에서 가장 낮은 곳이다. 해저 399m에 위치해 있으므로 물이 들어오기만 하고 나가지를 않는다. 다만 증발할 뿐이며 많은 중금속 광물질이 녹아 있어 생물이 살지 못한다. 그래서 사해(死海)라고 불리지만, 성경은 이 바다를 죽음의 바다라는 의미의 사해보다는 생명의 바다라는 의미를 살리는 염해(鹽害, 창14:3 등) 내지는 아라바의 바다(신3:17), 동해(東海, 욜2:20, 겔47:18 등) 등으로 부르고 있다.

갈릴리 바다(Sea of Galilee)

이 지역을 바다라고 부르는 것은 많은 물을 '바다'라고 부르는 히브리어의 한계 때문이다. 이 수역은 좁은 곳은 11km, 넓은 곳이 22km인 사람의 심장 모양의 담호수이다. 수심이 60m로

비교적 깊은 이 호수는 갈릴리지방에 위치하고 있기 때문에 보편적으로 갈릴리바다(혹은 호수)라 불리지만, 구약시대에는 그 모양이 하프를 닮았다 하여 긴네렛(수11:2, 19:35)으로 불리기도 하고 신약성서에서는 게넷사렛호수(눅5:1)라고도 불린다. 한때 분봉왕 헤롯이 로마황제 디베리우스에게 아부하기 위해 세운 도시인 디베랴의 이름을 따서 잠시 디베랴 바다라고 불리기도 했다(요6:1).

나일 강(Nile River)

지중해 아래쪽에는 아프리카 대륙이 자리 잡고 있다. 이 아프리카 북동쪽에 애굽(=이집트)이 있다. 나일 강은 이집트의 젖줄기다. 애굽의 젖줄인 이 강은 쇠스랑 같은 모양으로 삼각주를 이루며 지중해로 흘러들어 간다.

요단 강(Jordan River)

팔레스틴에도 1년 내내 눈이 녹지 않는 만년설이 존재한다. 헬몬산이다. 헬몬산은 가나안 북쪽에 자리 잡고 있다. 이 헬몬산의 눈이 녹아 지하로 흐르며 갈릴리 바다에 들어온다. 눈에는 보이지 않는 이 지하 물줄기를 지하 요단 강이라 부른다. 갈릴리 바다에 들어온 물은 다시 요단 계곡을 따라 100km 흘러 사해로 들어간다. 이 물줄기를 요단 강이라 부른다. 이 요단 강의 서편이 바로 약속의 땅이다.

3

성서의 역사적 흐름

성서에 나타나는 역사이야기는 순수한 역사적 사실 자체만을 담고 있다기보다 그들의 신앙으로 채색된 역사를 담고 있기 때문에 학자들은 성서에 나타나는 역사를 보다 정확히 알기 위해서는 성서를 고대근동의 성서 밖 자료들과 함께 연구하고 있다. 유대인들은 구약성서를 그들의 역사가 담긴 책으로 받아들이고 있다. 그러나 구약성서가 곧 이스라엘의 역사라고는 말하기 힘들다. 성서에는 이스라엘의 역사가 아닌 모든 인류역사의 시작이라고 해야 할 부분(창1-11)도 있기 때문이다. 엄밀한 의미에서 성서가 말하는 이스라엘의 역사의 시작을 어느 시점으로 잡아야 하는가 하는 것은 쉽지 않은 문제이다. 성서가 말하는 이스라엘 역사는 아브라함과 그의 후손들을 비롯한 족장들의 역사에서 비롯하여 하나님의 개입을 통한 출애굽과 가나안 정착, 이스라엘의 정치적

· 문화적 최전성기인 통일왕국시대, 솔로몬 사후의 두 국가로의 분열을 거쳐 유다의 멸망을 통한 포로기 유배생활 그리고 그곳에서의 귀환까지의 과정이다. 그리고 신구약 중간기를 거쳐 복음서의 배경을 이루는 예수님의 사역시대, 사도들의 행적으로 이어지는 초대교회의 역사까지의 과정을 성서는 그려내고 있다.

역사 이전의 역사, 전역사

창세기를 크게 둘로 구분하여 앞부분인 창세기 1-11장은 전역사(前歷史) 혹은 원역사(原歷史, Urgeschichte)로 불린다. 전역사 이야기는 주로 신앙고백적인(confessional) 차원에서 기록된 말씀이기 때문에 역사적인 자료를 찾기는 거의 불가능한 시대이다. 하나님의 창조와 창조질서의 파괴, 가인과 아벨 이야기, 노아 홍수 이야기, 바벨탑 이야기 등이 전역사에 해당한다.

이스라엘 족장시대

창세기의 전반부는 이스라엘 민족의 역사가 아니다. 그것은 신앙고백적인 차원에서 세상 모든 민족의 역사에 해당한다. 이에 비해 창세기의 후반부인 12-50장은 이스라엘 족장들의 이야기로 구성되어 있다. 이 부분 또한 학자들에 따라 역사로 간주

하기도 하고, 그렇지 않기도 하다. 유목민들이 메소포타미아와 이집트의 땅에 정착하였는데, 그들 가운데 아브라함과 그의 후손인 이삭, 에서, 야곱 및 야곱의 열두 아들이 있었다. 이스라엘의 조상인 그들은 메소포타미아에서 팔레스틴으로, 그 후에 애굽으로 이주하였다. 신앙의 역사로서 구약성서를 이해할 때, 그 시작은 아브라함에게서부터 시작된다. 하나님께서 아브라함을 부르심으로 족장의 역사가 시작된다(창12:1). 갈대아 우르를 떠나 가나안에 도착했다. 하나님은 그를 복의 근원으로 부르셨다(창12:2). 그의 후손들(이삭, 야곱)은 가나안을 중심으로 생활을 했다. 이들은 모두 족장이다. 야곱의 아들이 요셉이다. 요셉은 애굽에서 총리대신이 되어 그의 가족들을 애굽으로 이주하도록 했다.

이집트 노예시대와 출애굽

창세기의 마지막은 이집트의 국무총리가 된 요셉을 중심으로 야곱(이스라엘) 일가의 해피엔딩으로 마무리된다. 그러나 출애굽기는 요셉을 알지 못하는 애굽 왕 바로에 의해 요셉의 후손이 왕궁건축에 노예로 끌려와 일을 하게 되는 이야기로 시작된다. 창세기의 마지막과 출애굽기의 시작 사이에는 430년간의 역사적 공백이 있다. 이 공백 기간 동안 이스라엘 민족은 거대한 제국의 노예로 전락하고 만다.

주전 1,550년 이후 애굽이 팔레스틴까지 지배할 때, 이스라엘인들은 노예생활을 하고 있었다. 자신의 동포들이 노예사역을 하는 동안, 이집트의 왕궁에서 자란 모세는 자신의 신분을 깨닫고 민족해방운동에 나서나 실패한다. 이 일로 멀리 미디안 광야로 피했던 모세는 결국 하나님으로부터 소명을 받은 후 애굽으로 돌아와 백성을 이끌고 홍해를 건넌다. 이 출애굽 사건은 주전 13세기에 이스라엘 민족형성의 가장 중요한 주춧돌이 되었고, 항상 회상의 대상이 되었다.

이집트에서 가나안까지의 광야 여정에 대해 성서는 그 기간이 40년에 달했다고 증언한다. 이 광야 여정 중에서 모세는 하나님으로부터 계명과 율법을 받아 이스라엘이 약속의 백성이 되게 한다. 그 핵심에는 광야 여정 중 경험한 시내 산 사건이 있다. 모세의 인도 하에 약속의 땅을 향해 나아가던 이스라엘은 시내 산에서 하나님의 현현을 경험하고 하나님과 시내 산 계약을 체결하였다. 그리고 십계명과 율법을 받는다. 이 시내 산 계약을 통해서 이스라엘은 하나님의 선택받은 백성이 되고 하나님은 인류를 구원하기 위한 도구로 이스라엘을 사용하기 시작했다.

가나안 정복과 사사시대

모세의 후계자 여호수아는 모세의 뒤를 이어 가나안 땅에 들어온다. 여호수아는 많은 전쟁을 통해서 가나안을 정복하고 지파별로 분배하여 정착케 한다. 여기서 여호수아는 세겜 회의를 통하여 이스라엘로 하여금 야웨의 백성이 되게 한다. 그러나 정복되지 않은 지역이 있었고, 블레셋의 위협도 있었다. 가나안을 정복한 후에는 여호수아의 뒤를 이어 사사들이 나타난다. 이스라엘인들은 이러한 시련을 불복종과 배반에 대한 하나님의 심판으로 보고 이스라엘을 이방민족으로부터 구원할 사사들을 하나님이 보내신 구원자로 보았다. 삼손, 드보라, 기드온 등의 사사들은 이방족이 침입할 때마다 나타나서 백성을 구원한다.

통일왕국시대

사사시대 말기, 왕정의 체제를 갖춘 주변국들의 영향, 특히 블레셋이 심각한 위협이 되자, 선지자 사무엘의 반대에도 불구하고 백성들의 요구에 의해 중앙집권적 왕국이 형성된다. 사울이 초대 왕이 되었다. 그러나 그는 사무엘과 다윗과 갈등하다가 블레셋과의 전투에서 비참한 최후를 맞이한다. 그의 뒤를 이어 다윗은 당시 팔레스타인의 강력한 나라를 건설했다. 예루살렘을 정치적 · 종교적 중심지로 새롭게 정한 뒤, 국토를 확장하고 통일국가를 건설한다. 3대 왕 솔로몬에 이르러 이스라엘은 최고의 문화적, 경제적 전성기를 맞는다. 상업으로 나라를 부강하게 했으며, 지혜의 왕으로서의 그의 부귀와 영화는 널리 알려졌다. 그러나 성전의 건축과 외국과의 교역을 통한 이방종교의 수입, 과다한 세금부여, 그리고 강제노역 등으로 인해 통일왕국은 분열의 위기를 맞는다.

왕국의 분열과 멸망

솔로몬의 무리한 경제번영은 북쪽 국민들의 반발을 가져왔다. 솔로몬이 죽자 왕국은 분열되었는데, 이 분열은 먼저 솔로몬의 강압정책이 주원인이 되었지만 몇몇 예언자들이 행한 역할이 알려 주듯이, 옛 부족동맹시대의 영도력에 관한 전통을 되살리려는 북부지파 사람들의 열망도 작용하였다. 한편 남쪽은 르호보암이 왕위에 올랐는데 안정된 상태에서 다윗 가문의 사람들에 의해 계승되어 유다라 칭하였는데 북쪽은 여로보암이 계승하여 이스라엘이라 칭하였다. 초기 두 나라 남유다와 북이스라엘은 서로 군사적으로 경쟁을 했다. 다음 세대인 북이스라엘의 아합 왕과 남유다 여호람 왕 때는 서로 결혼 동맹으로 친밀한 관계가 유지된 적도 있었으나, 두 나라의 관계는 늘 대립적이었다.

이러한 왕국분열로 인해 통일왕국시대가 이룩한 국가적 위치는 상실되었으며, 국내외적 시련을 겪게 된다. 더욱이 종교혼합주의(syncretism)가 득세하기 시작하였는데, 그 형태는 특히 북이스라엘에서 악화되었다.

북이스라엘은 예언자들에 의해 왕위가 선택되었거나 피의 혁명을 통해 세력은 얻은 자들이 계승하는 불안정한 정국이었다 분열왕국은 대립과 우호의 관계를 계속하다가 북이스라엘은 주전 722년 호세아 왕 때 멸망을 당한다. 한편 북이스라엘이 무너진 후 남유다는 앗시리아의 세력에 지배를 받으며 운명을 부지하여 나아간다. 사마리아의 멸망으로 충격을 입은 유다는 요시야 왕

때 개혁을 단행하고 국력을 회복하는 모습을 보이기도 했으나 그의 죽음으로 꿈은 깨어지고 587년 시드기야 왕 때 바벨론에 의해서 예루살렘이 멸망당함으로써 유다는 종말을 고한다. 유다를 멸망시킨 바벨론의 느부갓네살은 유다의 지도층 인사를 대거 그들의 땅으로 잡아갔다.

귀환시대

그러나 예루살렘과 유다에는 여전히 토착민들이 살고 있었으며, 동시에 상당히 많은 디아스포라가 바벨론에 살고 있었다. 이후 바벨론을 멸망시킨 페르샤의 왕 고레스의 칙령에 의해 유배자들은 고향으로 돌아갈 수 있게 되었다. 바벨론에 포로로 끌려간 지 50년 만의 일이었다. 세스바살, 스룹바벨, 에스라, 느헤미야 등이 네 번에 걸쳐 귀환민들을 이끌었다. 이들에 의해 예루살렘 성전과 성곽이 새로이 지어졌다. 이때 느헤미야와 에스라는 예루살렘 성전건축과 새로운 유다공동체 형성에 공헌했다. 이들의 개혁사업을 통해 이스라엘은 정치적으로 완전한 독립을 유지하지는 못했지만, 정신적 신앙공동체로서 국가 존재는 멸망치 않고 계속 유지되는 강인함을 보여 주었다.

신구약 중간시대

성서에는 창세기와 출애굽기 사이 외에도 400년 정도의 공백이 있는 부분이 한 군데 더 등장한다. 그것은 구약성서의 마지막인 말라기(주전 400년)와 신약성서의 첫 책인 마태복음 사이이다. 신약시대에 등장하는 역사적 배경이 구약성서와 많이 다른 것은 바로 이 때문이다. 이 시대는 페르샤제국 시대의 일부와 알렉산더 대왕(Alexander the Great)의 헬라제국 시대 그리고 로마제국 시대의 일부가 해당된다. 개역성서는 이 시대에 대해 거의 알려 주는 바가 없지만, 공동번역성서의 마카베오상·하서는 바로 이 시대의 이야기를 담고 있어서 신구약 중간시대의 역사를 알려 주는 귀한 자료이다.

신약시대

신약성서는 로마제국이 고대 근동의 패권을 차지하던 시대에 이스라엘 땅 베들레헴에서의 예수님 탄생의 이야기와 함께 시작한다. 주전 63년 로마에 의해 속국이 된 후 오랫동안 그 지배를 받았다. 다시 이스라엘은 로마로부터 독립하고자 로마와 게릴라식으로 싸운다. 이것을 유대전쟁(주후 66-70년)이라 하는데, 결과는 로마의 승리이고 이스라엘의 신앙의 중심인 예루살렘 성전은 주후 70년에 붕괴된다.

많은 초대교회의 신자들은 "예수께서 하늘로 올라가실 때처럼 그대로 오시리라"는 말씀에 의지하여 자신들이 살아 있는 동안 예수께서 다시 오실 줄 믿었다. 그래서 사도바울은 결혼도 하지 않고 살았다. 그런데 이러한 종말론적인 삶을 살고 있는데도 종말이 실현되지 않아 당황했다. 예수님의 부활과 승천 후 초대교회는 희랍문명권으로 급속히 팽창해 나가면서 유대인 기독교(예루살렘, 베드로를 위시한 사도들 중심)와 이방인 기독교(안디옥과 에베소, 바울 중심) 의 양대 산맥으로 나뉘게 된다.

2

오경의 주인공들

1

처음 무대, 처음 사람들

에덴동산

하나님이 창조하신 에덴동산은 글자 그대로 부족한 것이 없는 낙원을 의미한다. 영어의 파라다이스(paradise)라는 말은 희랍어에서 '동산'이나 '공원' 또는 '정원'이라는 말이다. 그래서 희랍어로 된 성서를 보면 에덴동산을 '에덴의 파라다이스'라고 표현하고 있다. 본래 에덴동산은 이스라엘에서 고대로부터 전해 오는 하나님의 거처로서의 '하나님의 동산' 전승에서 비롯되었다. 이 전승은 본문 외에도 창세기 13장 10절, 에스겔 31장 9절, 이사야 51장 3절 등에 다양하게 나타난다. 자칫 이 에덴동산을 아무 것도 할 일이 없는 동양의 무릉도원 같은 곳으로 생각하기 쉬운데 그것은 잘못이다. 창세기 2장 15절을 보면 "하나님이 사람을 이끌어 에덴동산에 두사 그것을 다스리며 지키게 했다"고 하였다. 여기서 '다스린다'는 말은 구약 원문을 보면 "땅을 경작한다(cultivate)"는 말이다. 즉 일하면서 지내도록 되어 있다는 말이다. 이는 사람이 힘들여 일하는 것은 이미 하나님의 창조의 질서에 속하는 것임을 말해 준다.

많은 사람들이 하나님이 창조하신 그 에덴동산이 어디에 있었을까 궁금해 한다. 그러나 에덴동산이 어디 있었는지는 알 수 없다. 성서가 에덴동산의 구체적인 위치에 대해 침묵하는 이유는 우리가 살아가고 생활하는 삶의 터전이 하나님의 질서가 살아있는 에덴동산이기를 기대하고 있기 때문이다. 실낙원(失樂園, Paradise Lost) 사건이 있었다면, 복락원(復樂園, Paradise Regained)도 가능하리라. 하나님이 우리에게 주신 질서를 존중하고, 맡겨 주신 일을 성실히 수행하면서 그분과의 관계를 아름답게 만들어 간다면, 분명 우리가 있는 이곳은 하나님의 창조질서가 살아 숨쉬는 에덴동산이 될 것이다.

동산지기의 책임

에덴동산의 첫 동산지기는 아담과 그 아내 하와이다. 히브리어로 아담이라는 말은 흙이라는 뜻으로 불린다. 아담의 여성형은 아다마로, 그 뜻은 대지, 땅을 뜻한다. 하나님이 창조한 넓은 땅의 한 줌 흙이 아담이라는 말이다. 성서의 맨 처음 사람은 한 줌 흙에서 시작되었다. 그리고 하나님은 그 아담에게 선악과를 먹지 말라는 금령과 함께 에덴동산으로 대변되는 세상의 관리를 맡기셨다.

> 여호와 하나님이 그 사람을 이끌어 에덴동산에 두사 그것을 다스리며 지키게 하시고 여호와 하나님이 그 사람에게 명하여 가라사대 동산 각종 나무의 실과는 네가 임의로 먹되 선악을 알게 하는 나무의 실과는 먹지 말라 네가 먹는 날에는 정녕 죽으리라(창2:15-17)

하나님이 먹지 말라고 한 동산 한가운데에 있었던 선악과가 정확히 무엇인지는 알 수 없다. 하지만 중요한 사실은 하나님께서 인간에게 에덴동산에 있는 모든 것을 허락해 주셨지만(2:16), 그 허락과 더불어 '선악과'를 따먹지 말아야 한다는 '금지조건'을 지킬 것을 전제하고 있다. 여기서 선악과는 인간이 하나님에게 순종하느냐, 불순종하느냐를 판가름하는 시금석 역할을 하고 있다. 하나님은 그 나무 열매를 먹으면 죽으리라는 절대적 명령을 내림으로써 인간이 자신의 한계를 분명히 지켜가도록 배려하신다. 이 명령은 인간을 시험하려는 걸림돌이 아니라 인간이 지켜야 할 삶의 질서를 말한다. 그것이 아주 비싼 과일이라서 하나님만 드시고 사람은 먹어서는 안 된다는 말이 아니라, 하나님과 인간 사이에 있어야 할 사랑의 질서를 제시한 것이다. 지금 우리가 살아가는 세상 속에도 우리가 먹어서는 안 되는 많은 종류의 선악과가 있고 넘어서는 안 되는 하나님의 금령이 있다. 결국 선악과를 먹지 말라는 금령은 인간을 사랑하는 하나님의 선물인 것이다.

유혹

하나님과 사람 사이의 이 처음 질서가 뱀의 등장과 함께 깨어진다. 뱀은 사탄의 대변자, 더 나아가서 악마, 마귀와 동일시된다(요일3:8, 계12:9, 20:2 참조). 뱀은 "하나님이 너희더러 이 동산에 있는 모든 나무의 실과를 먹지 말라고 하셨다는데 그것이 정말이냐?"(3:1)하며, 자신의 말로 인간에게 접근하지 않고 마치 하나님의 말씀을 인용하는 것과 같은 말로 인간에게 다가왔다. 지금도 유혹은 흔히 '하나님', '하나님의 말씀' 운운하며 진리라는 너울을 쓰고 나타나기 때문에 진리와 거짓을 구별하기란 매우 어렵다. 뱀은 결코 윽박지르거나 강요하지 않고 자신이 하나님에 대해 더 많이 아는 체하면서 인간을 유혹한다. 그 유혹은 "너희가 그 열매를 먹으면 하나님처럼 될 수 있다"는 유혹이었다. 인간이 하나님처럼 될 수 있으며, 하나님과의 관계를 떠나서 스스로 자존할 수 있다는 유혹, 그것은 인간이 접할 수 있는 최대의 유혹이다. 결국 처음 인간은 창조주 하나님의 말씀에 순종하기보다는 뱀의 말에 넘어가 '선악과'를 먹었고, 또 그 책임을 회피함으로 인해 하나님과 인간 사이, 창조주와 피조물 사이에 있어야 할 바른 관계가 깨지고야 말았다. 이것이 바로 성경이 말하는 처음 인간의 타락이다.

더 큰 실수

그런데 이 이야기를 읽으면서 문득 이런 생각을 해본다. 그까짓 선악과를 먹었다는 것이 그리도 중한 잘못이었단 말인가? 우리는 어려서부터 이보다 더 심한 잘못과 범죄를 수없이 저질러오지 않았던가? 그 열매가 얼마나 값진 것이었길래 하나님은 피조물의 정점에 서 있는 맨 처음의 두 사람을 에덴동산에서 쫓아내셨단 말인가?

성경을 자세히 읽어 보면 아담의 잘못은 비단 선악과를 먹었다는 데에서 그치지 않는다. 하나님은 징벌에 앞서 아담에게 물으신다. "내가 너더러 먹지 말라 명한 그 나무 실과를 네가 먹었느냐(창3:11)"고. 겁에 질린 아담은 "하나님이 나에게 주셔서 나와 함께 하게 하신 여자 그가 내게 주므로" 먹었을 뿐이라고 대답한다(창3: 12). 그만 모든 잘못을 사랑하는 여자에게 돌려 버리고 만 것이다. 이번에 여자에게 물으시는 하나님의 질문에 여자는 "뱀이 나를 꾀므로" 먹었을 뿐이라고 대답한다. 생각해 보라. 하나님이 그들의 범죄 사실을 몰라서 물으셨던 것이 아니다. 그들의 범죄의 자초지종이 궁금해서 물어보신 것이 아니다. 어린 자녀의 실수를 잘 알고 있는 부모가 자녀를 다그치는 이유는 한 가지뿐이다. 잘못했다는 고백을 듣고 싶기 때문이다. 이미 그 질문은 용서할 준비를 담고 있기 때문이다. 이미 아담과 하와의 범죄 사실을 알고 계신 하나님은 그들에게서 잘못했다는 고백을 듣고 싶어하셨으리라. 그러나 하나님은 실망하실 수밖에 없었다. 금지된 열매를 먹었다는 것도 잘못이지만, 그보다 더 큰 잘못은 그 잘못을 알고도 회개하지 않았다는 것이다. 남자는 여자에게, 여자는 뱀에게 그 책임을 전가시키기에 급급했다. 성서의 맨 처음 이야기를 기록한 저자는 우리 모두가 범죄의 가능성을 지니고 있음을 말해주고 있다. 동시에 잘못을 알고도 회개하지 않음은 하나님 앞에 더 큰 범죄임을 역설하는 것이다. 회개할 수 있는 기회를 잃어버린 불쌍한 이들의 모습을 보라. 남자와 여자, 그리고 그들의 후손은 서로 원수가 되고 서로를 상하게 한다(창3:15). 그런 후손을 낳기 위한 여자의 해산고통은 더욱 심해지고 서로에게 종속관계가 생긴다(16절). 수고하며 땀 흘리며 사는 인생의 끝은 가시덤불과 엉겅퀴를 내는 흙으로 다시 돌아가는 것뿐이다.

명심하자. 우리가 회개하지 않을 때 하나님과 나, 나와 다른 사람들, 나와 자연 사이의 아름다운 관계가 깨어질 수밖에 없다는 사실을! 인간이 타락했다는 것은 타락하기 이전에 인간이 갖고 있던 어떤 본성을 잃어버렸다는 것이 아니라, 하나님과의 바른 관계가 깨어졌다는 것을 의미하는 것이다. 하나님이 아닌 자기중심적인 생활을 하며 살아간다면 그것이 바로 타락한 인간의 삶인 것이다. 반대로, 구원은 하나님과 나 사이에 깨어졌던 관계가 다시 이어져서 바른 삶으로 회복하는 것을 의미한다. 즉 나 중심으로 살던 삶이, 이제는 하나님 중심으로 삶의 방향, 가치, 궁극적인 목표가 모두 바뀌는 것을 의미한다. 지금도 하나님은 우리에게 물으신다. 하나님이 지키라 하신 창조의 질서를 우리가 지키고 있냐고 말이다.

가인과 아벨, 정착민과 유목민

맨 처음 사람 아담과 하와가 낳은 두 아들의 이름은 가인과 아벨이다. 그렇다면 이들은 사람의 몸에서 태어난 첫 사람들이 된다. 성경은 이들에게 대해 아벨은 양치는 자였고 가인은 농사하는 자였다고 묘사한다. 이는 이 본문이 기록될 당시 사람들이 양을 치는 유목민과 농사하는 정착민 부류의 사람들이 있었음을 암시한다.

세월이 지난 후(창4:3) 가인과 아벨이 청년이 되었을 무렵, 이들은 여호와께 제물을 드린다. 이른 바 성경의 첫 예배의 모습이 나온다. 그런데 이상하다. 하나님은 아벨의 제물은 열납하셨으나 가인의 제물은 열납하지 않으셨다. 왜일까? 가만히 성경을 들여다보면 가인과 아벨의 등장 순서도 이상하다. 분명 가인이 먼저 태어나고 아벨이 나중에 태어났는데, 이들을 소개할 때는 가인보다 아벨이 먼저 등장한다. "아벨은 양치는 자이었고 가인은 농사하는 자이었더라(창4:2)." 이는 우연이 아니다. 이것이 우연이 아닌 이유는 다음 구절에서 나타난다. 여호와께 제물을 드린 것도 가인이 먼저였고 아벨은 나중이었으나, "여호와께서 아벨과 그 제물은 열납하셨으나 가인과 그 제물은 열납하지 아니하신지라(창4:4-5)"고 했다. 언제나 아벨에 대한 묘사가 먼저 나온다. 왜일까?

대답은 간단하다. 하나님이 아벨을 기뻐하셨기 때문이다. 하나님은 단순히 아벨의 제물만 받으신 것이 아니다. "아벨과 그 제물"을 열납하셨다. 한정된 성경의 기록으로는 다 담을 수 없는 일상의 삶이 하나님께 바쳐지는 제물이었다는 말이다. 반면 하나님은 가인을 기뻐하지 않으셨다. 그래서 "가인과 그 제물"을 열납하지 않으셨다. 기억하자. 우리가 하나님께 드려야 할 것은 우리 자신이 먼저라는 것을. 내가 가진 것으로 하나님께 드린다는 것은 참으로 귀한 일이다. 내가 가진 시간과 재물과 능력을 바친다는 것은 아무나 할 수 있는 일이 아니기에 귀한 일이다. 그러나 사실 우리가 내가 가진 것으로 하나님께 드리는 것은 얼마 되지 않는다. 예언자 미가는 우리가 하나님께 드릴 수 있는 예물이 많지 않음을 이렇게 표현한 바 있다.

> 내가 무엇을 가지고 여호와 앞에 나아가며 높으신 하나님께 경배할까 내가 번제물 일 년 된 송아지를 가지고 그 앞에 나아갈까 여호와께서 천천의 숫양이나 만만의 강수 같은 기름을 기뻐하실까 내 허물을 위하여 내 맏아들을, 내 영혼의 죄를 인하여 내 몸의 열매를 드릴까(미7:6-7)

내가 시간을 바친다면 얼마나 바칠 수 있는가? 하루 24시간 중 얼마나 주님께 드릴 수 있는가? 길어야 팔구십 살아가는 짧은 인생으로 하나님께 드릴 수 있는 시간이 얼마나 되겠는가? 내가 가진 재물로 얼마나 하나님을 기쁘시게 할 수 있는가? 지금까지 모아 둔 모든 돈을 하나님을 위해 바친다고 한들 그것이 얼마나 될 것인가? 내가 가진 능력을 하나님께 바친다 한들 그것이 전능하신 하나님께 얼마나 보탬이 되겠는가? 그리 많지 않다. 그러나 나 자신을 하나님께 제물로 바친다는 것은 의미가 다르다. 그것은 나 자신이 하나님 앞에 먼저 죽은 제물이 된다는 것을 의미하기 때문이다. 아벨은 그렇게 하나님 앞에 먼저 바쳐진 제물이었다.

첫 열매

우리가 드릴 수 있는 제물은 우리 다음이라는 사실을 잊지 말자. 우리가 먼저 하나님께 바쳐진다면 "그 제물"은 차후의 문제가 된다. 가인이 하나님께 바친 제물은 무엇인가? 땅의 소산이다. 그는 농사짓는 사람이었으니 곡식을 하나님께 바쳤다. 그렇다면 아벨은? 목축하는 사람이었으니 양의 첫 새끼와 그 기름을 드렸다. 하나님이 가인의 제물을 받지 않으신 것은 육식을 좋아하셔서가 아니다. 피가 없는 제사는 온전한 제사가 될 수 없기 때문도 아니다. 실제로 구약시대에는 하나님께 곡식을 제물로 바치는 경우가 등장한다. 예를 들면 곡식단을 흔들어 바치는 요제(wave offering: 출29:24; 레7:30; 민6:20)는 땅의 소산에 해당한다. 반면, 아벨이 드렸던 양의 첫 새끼와 그 기름은 후대로 가면서 이스라엘 사람들이 하나님께 드릴 수 있던 최고의 제물로 발전한다.

> 이스라엘 자손 중에 사람이나 짐승이나 무론하고 초태생은 나 거룩히 구별하여 내게 돌리라 이는 내 것이니라 하

> 시니라(출13:2)
>
> 너는 우양의 처음 난 수컷은 구별하여 네 하나님 여호와께 드릴 것이니 네 소의 첫 새끼는 부리지 말고 네 양의 첫 새끼의 털은 깎지 말고(신15:19)
>
> 그는 또 그 화목제의 희생 중에서 여호와께 화제를 드릴지니 곧 내장에 덮인 기름과 내장에 붙은 모든 기름과 두 콩팥과 그 위의 기름 곧 허리 근방에 있는 것과 간에 덮인 꺼풀을 콩팥과 함께 취할 것이요(레3:3-4)

이 최고의 제물을 우리는 흔히 "첫 열매"라고 한다. 첫 열매란 단순히 시기적으로 먼저 생긴 것을 말하지 않는다. 가인과 아벨 중에 가인을 첫 열매라 부르지 않는다. 비록 나중에 태어났어도 아벨을 첫 열매라 부를 수 있는 이유는 그의 삶이 하나님 앞에 최선을 유지하였기 때문이다. 가인을 첫 열매라 부를 수 없는 이유는 그가 하나님 앞에 최선을 지켜가지 못했기 때문이다.

> 가인같이 하지 말라 저는 악한 자에게 속하여 그 아우를 죽였으니 어찐 연고로 죽였느뇨 자기의 행위는 악하고 그 아우의 행위는 의로움이니라(요일3:12)
>
> 믿음으로 아벨은 가인보다 더 나은 제사를 하나님께 드림으로 의로운 자라 하시는 증거를 얻었으니 하나님 그 예물에 대하여 증거하심이라 저가 죽었으나 그 믿음으로써 오히려 말하느니라(히11:4)

가인아 네 아우 아벨이 어디 있느냐?

결국 하나님이 가인과 그 제물을 열납하지 않으신 이유는 제물 자체에 어떤 흠이 있었다기보다 평상시 가인의 삶이 하나님을 기쁘시게 하지 못했기 때문이 분명하다. 그의 삶이 온전치 못한 것은 하나님께 예배를 드린 이후에도 마찬가지였다. 하나님이 자신의 예배를 받지 않으셨다는 것 때문에 가인은 결국 동생 아벨을 쳐 죽이고야 만다. 예배 때문에 동생을 죽이다니….

동생을 죽인 가인에게 던지시는 하나님의 이 질문은 하나님이 아담에게 하셨던 질문과 비슷하다. 땅에서 벌어진 처음 살인 사건을 하나님이 모르셨을 리 없다. 땅에서 울부짖는 아벨의 핏소리가 하나님께 들렸기 때문이다. 가인은 용서 구하기를 바라시는 하나님의 마음을 철저히 외면하고야 만다. 모르는 일이라고 거짓말하고야 만다. 아담과 하와가 책임을 회피하고 그 잘못을 타인에게 전가시켰다면, 가인은 알지 못하는 일이라며 거짓말을 하고 심지어 "내가 내 아우를 지키는 자니이까" 하면서 화를 낸다. 사람이 죄를 지으면 양심도 점차 마비되는가 보다.

이제 우리는 우리가 하나님께 드리는 예배의 범주를 확장시켜야 한다. 예배는 예배당 안에서 끝나는 것이 아니다. 예배를 드린다는 것은 예배당 밖으로의 삶까지 예배의 정신이 이어진다는 것이다. 하나님이 아벨의 제사를 받으신 것은 평상시 아벨의 삶이 의로운 제물로 하나님께 바쳐졌다는 말이다. 우리도 수없이 많은 예배를 드린다. 교회생활에 신실한 청년이라면 주일에 드리는 한두 번의 예배와 청년부 예배는 물론이고 수요예배, 철야예배, 그리고 새벽기도회 등에 이르기까지 수없이 많은 예배에 익숙할 것이다. 그러나 중요한 것은 하나님이 기뻐 열납하시는 예배를 드리는 것이다. 기억하자. 예배는 예배자가 함께 드려지는 것이다. 예배자가 함께 드려지는 예배는 비단 예배당 안에서 드리는 예배로 국한되지 않는다.

사무엘상 15장에는 이스라엘의 초대왕이었던 사울이 선지자 사무엘의 질책을 받는 장면이 나온다. 전쟁에서 승리한 후 전리품을 소각하여 하나님께 바치지 않은 죄가 들통난 사울이 자신의 범죄를 감추기 위해 사무엘에게 변명한다. 그것들은 하나님께 제물로 바치기 위해 남겨 둔 것들이라고. 그때 사무엘이 사울에게 질책한 내용을 기억하는가?

> 사무엘이 가로되 여호와께서 번제와 다른 제사를 그 목소리 순종하는 것을 좋아하심같이 좋아하시겠나이까 순종이 제사보다 낫고 듣는 것이 숫양의 기름보다 나으니(삼상 15:22)

우리 말로는 각각 "순종"과 "듣는 것"으로 번역되어 있지만, 히브리 본문상에서 두 단어는 동일하다. 둘 다 "샤마(shama)"라는 동사를 사용한다. 샤마라는 말의 일차적인 의미는 "듣다(hear, listen)"이지만, "순종하다(obey)"라는 의미도 담고 있다. 하나님의 말씀을 듣는 것과 그 말씀에 순종하는 것은 서로 다른 일이 아니라는 말이다.

성전 안에서 하나님의 말씀을 듣는다면, 그 들은 말씀이 성전 밖에서 순종으로 이어져야 예배가 완성된다는 말이다.

2

노아와 홍수 이야기

악한 세상, 하나님의 탄식

가인이 동생 아벨을 죽이고, 아담과 하와에게서 또 다른 아들 셋이 탄생한 이후, 창세기 기자는 사람들이 번성하였음을 기록하고 있다. 땅을 정복하고 다스리라는 아담에게 주어진 명령대로 세상은 온통 사람들로 넘쳐나기 시작했다. 그러나 어찌하랴. 그 사람들이 살아가는 모습이 하나님 앞에 악하였으니. 창세기 6장에 등장하는 인류의 모습은 온통 사람들이 악하였다는 것과 그 악한 모습을 보시는 하나님이 한탄하시는 것으로 가득하다.

> 여호와께서 사람의 죄악이 세상에 관영함과 그 마음의 생각의 모든 계획이 항상 악할 뿐임을 보시고 땅 위에 사람

> 지으셨음을 한탄하사 마음에 근심하시고… 내가 그것을 지었음을 한탄함이니라 하시고(창6:5-7)
>
> 때에 온 땅이 하나님 앞에 패괴하여 강포가 땅에 충만한 지라 하나님이 보신즉 땅이 패괴하였으니 이는 땅에서 모든 혈육 있는 자의 행위가 패괴함이었더라 하나님이 노아에게 이르시되 모든 혈육 있는 자의 강포가 땅에 가득하므로 그 끝 날이 내 앞에 이르렀으니 내가 그들을 땅과 함께 멸하리라(창6:11-13)

하나님이 지으신 세상을 하나님이 한탄하고 있다. 본문을 기록한 저자는 아마도 자신이 살던 시대의 모습을 노아 시대에 반영하고 있었을 것이다. 하나님이 한탄하실 정도로 패역한 시대의 모습은 비단 노아 시대에 국한되지 않는다. 이는 분명 지금 우리가 살고 있는 시대의 모습이다. 아니 우리가 살고 있는 시대는 노아 시대보다 더 음란하고 패괴하고 강포가 충만하다. 여중생이 화장실에서 아이를 낳아 그 낳은 아이를 화장실에 버리고, 지존파니 막가파니 하는 온갖 폭력세력이 생겨서 산 사람을 생매장하고, 방송매체를 통해 이런 일들이 우리에게 전해져도 이제 몇 명 죽었다는 말에는 별로 큰 동요를 일으키지도 않는다. 그리고 앞으로 다가올 시대는 이보다 더 삭막하고 영적으로 어려운 시대가 될 지도 모른다는 두려움이 우리를 엄습한다.

아담과 하와, 그리고 그 아들 가인의 범죄가 개인적인 것이었다면 노아 시대의 범죄는 집단적이었다는 데에 더 큰 문제가 있다. "강포"라는 말의 히브리어는 "하마스(hamas)"다. 이는 사회적인 불의와 폭력(social violence)을 가리키는 말이다. 이제는 죄의 문제가 도저히 인간 스스로의 힘으로는 어찌할 수 없는 구조적인 것이 되어 버리고 말았다. 우리가 살고 있는 시대도 노아 시대처럼 하나님이 한탄하시는 시대임에는 분명하다.

그러나 성경은 노아 시대의 이야기를 하나님의 한탄으로 끝맺지 않는다. 그러나 시대와 상황이 악한 것이 문제가 되지 않는다. 인간은 원하든 원하지 않는 환경의 지배를 받을 수밖에 없다. 문제는 아무리 악한 세대를 살아간다 하더라도 하나님의 은혜를 입을 수 있느냐 하는 것이다. 그렇게 악한 세대를 살아가면서도 노아는 의인이었고, 당세에 완전한 자였다고 했는데(창6:9), 노아가 어떻게 믿음을 지키며 하나님을 기쁘시게 하는 삶을 살 수 있었을까? 그건 노아가 하나님께 은혜를 입었기 때문이다(창6:8).

노아가 훌륭해서가 아니라 하나님이 노아에게 은혜를 베풀어 주셨기 때문이다. 우리가 하나님의 구원계획 속에 들어온 것도 우리의 행위나 도덕적인 의에 근거한 것이 아니다. 하나님께서 택하신 은혜 때문이다.

앞서 언급한 아담과 하와의 잘못과 가인의 살인 이야기에서 우리는 인간의 범죄에 상응하는 하나님의 징벌을 보았다. 하나님은 서로에게 책임을 떠넘기는 아담과 하와를 각각 징벌하신 후 둘을 에덴동산에서 추방하셨다. 또 하나님은 살인을 저지르고 그 사실을 모른 척하는 가인의 책임을 물어 그 살던 곳에서 유리하는 자가 되게 하셨다. 그러나 이 처음 태고사의 이야기들은 단순히 범죄한 사람을 하나님이 징벌하셨다는 것으로 끝맺지 않는다. 범죄하여 징벌당하는 사람임에도 불구하고 하나님은 그들에게 은혜 베풀기를 수저하지 않으신다. 추방당하는 아담과 하와에게는 가죽옷을 지어 입히시고, 가인에게는 보호표를 찍어 주셨다. 그들에게 지어 입히신 가죽옷이 무엇인지, 또 보호표는 무엇인지 우리는 알 수 없다. 성경은 이에 대해서 아무런 설명을 하지 않는다. 성경 저자가 말하고 싶은 것은 가죽옷이나 보호표의 종류가 무엇인지가 아니다. 가죽옷과 보호표로 상징되는 하나님의 은혜와 사랑은 범죄하여 벌을 받는 사람에게도 여전히 유효하다는 것이다.

노아 시대의 홍수 이야기에서 하나님은 사회적으로 병들고 패역한 시대를 한탄하시며 홍수라는 도구를 통해 세상을 징벌하신다. 총체적인 부패에 따른 총체적인 징벌이다. 그러나 여기에도 하나님의 은혜는 계속된다. 그것은 노아와 그의 가족을 세상 속에서 멸망 받지 않을 "남은 자"로 선택하시고 방주를 짓게 하셨다는 것이다.

> 지면의 모든 생물을 쓸어버리시니 곧 사람과 짐승과 기는 것과 공중의 새까지라 이들은 땅에서 쓸어버림을 당하였으되 홀로 노아와 그와 함께 방주에 있던 자만 남았더라(창 7:23)

히브리어로 방주는 테바(tebah)이다. 그 뜻은 "상자"라는 말이다. 창세기가 묘사하고 있는 방주의 모습도 길이 300규빗, 넓이 50규빗, 높이 30규빗으로 이루어진 거대한 상자를 가리킨다. 그런데 출애굽기로 넘어가면 또 하나의 테바가 등장한다. 모세를 나일강에 담아 띄워 보낸 바구니도 테바라고 한다. 이 두 테바의 공통점이 무엇일까. 그것은 그 상자 안에 담겨 있는 생명을 살리는 역할을 한다는 점이다.

흔히들 이 방주를 교회의 처음 모형이라고 이야기한다. 아무리 혼탁한 세상이라 하더라도 교회는 하나님의 은혜를 입은 자들이 모여 있는 곳이고, 하나님은 교회를 통해 세상의 구원역사를 계속 이어가신다는 믿음 때문이다. 그것이 방주의 사명이다. 생명을 살리는 거룩한 사역이다. 방주는 결코 무시무시한 전함이 아니다. 으리으리한 상선도 아니다. 오직 구원선이다. 이것이 교회의 가장 큰 사명이다.

창세기가 묘사하는 방주 안에 들어가 있는 사람의 수는 고작 여덟 명에 지나지 않는다. 노아와 그 아내 그리고 세 명의 아들과 세 명의 며느리가 전부이다. 이 여덟 명이 온갖 동물의 배설물을 쉴 새 없이 치워야 한다. 장마철에 통풍도 안 되는 사우나 같은 지하 삼층에서 꼭대기까지 땀 뻘뻘 흘려가면서 고생해야 한다. 온갖 동물이 울어대는 소리에 소음도 대단했을 것이다. 얼마나 힘들었을까. 배를 만드는 것도 고생이었지만, 그 안에서 숨쉬는 것 조차도 숨이 막혔을 것 같다. 지금의 교회도 마찬가지이다. 아무리 교회 안에서의 생활이 어렵고 힘이 들어도 교회는 하나님의 구원계획에 따라 가고 있는 이 시대의 방주이다. 여전히 변하지 않는 거룩한 사명이 있다. 이 시대에 생명을 구원하는 테바라는 것이다. 이 테바는 사람의 힘으로 움직이는 배가 아니다. 처음부터 하나님이 설계하셨다. 방주의 모든 제도를 하나님이 계획하셨다. 방주로 들어가라 하신 분도 하나님, 방주의 문을 닫으신 분도 하나님, 방주가 땅에서 떠오르게 하신 분도 하나님, 떠다니게 하신 분도 하나님, 나중에 방주의 문을 여신 분도 하나님이시다. 철저하게 하나님이 이 방주의 시작과 끝을 주관하신다. 그렇다면 노아의 역할은 무엇인가? 노아는 그러한 하나님의 주권에 철저히 순복하며 명하신 말씀에 철저히 순복했다는 것이다.

> 노아가 그와 같이 하되 하나님이 자기에게 명하신대로 다 준행하였더라(창6:22, 7:5)

3

약속의 주인공, 아브라함

성서의 중심지, 가나안에 들어서다

창세기의 분기점은 아브라함의 등장이다. 1-11장까지의 전역사(Primeval history)는 아브라함(=아브람)의 등장으로 마무리되고(창 11:27-32), 12장부터 이어지는 족장사(Patriarchal history) 또한 아브라함의 믿음의 여정으로 시작한다. 이 족장사에는 흔히들 구약성서에 나타나는 믿음의 조상으로 부르는 아브라함 이야기(창12장-25:18), 이삭과 야곱 이야기(창25:19-36장), 그리고 요셉 이야기(창37-50장) 등이 나타난다.

아브라함의 등장은 원역사라는 거대한 이야기의 결론에 해당하면서, 이스라엘 역사의 시작에 해당한다.

> 데라가 그 아들 아브람과 하란의 아들 그 손자 롯과 그 자부 아브람의 아내 사래를 데리고 갈대아 우르에서 떠나 가나안 땅으로 가고가 하더니 하란에 이르러 거기 거하였으며(창11: 31)

가나안 땅으로의 이주는 처음 아브라함이 시작한 것은 아니었다. 성서는 그 여정의 첫 발을 내딛은 사람으로 아브라함의 아버지 데라를 소개하고 있다. 데라는 이방 땅이었던 갈대아 우르(Ur)에서 우상을 만들며 살던 사람이었다. 하나님의 축복과는 전혀 상관없이 살던 그 시대의 일개 필부(匹夫)에 지나지 않았던 사람이다. 그 아들 아브라함도 필부이기는 마찬가지이다. 그래서 하나님의 은혜이다. 하나님의 은혜는 그렇게 찾아왔다. 무슨 이유에서인지 데라는 고향 갈대아 우르를 떠나 먼 여정을 시작한다. 그 여정의 종착지는 가나안이다. 그러나 실패한다. 유프라테스 강변을 따라 첫 발을 내딛은 데라의 발길을 멈추게 한 곳은 하란이라는 곳이었다. 하란이 어떤 땅인가. 최초의 벼농사가 가능했다던 땅이다. 그만큼 비옥했던 곳이다. 먼 여정으로 인해 힘들었을 데라와 그 가족에게 하란이 주는 풍요로움은 그곳이 하나님이 말씀하신 목적지이길 바라는 마음을 애써 불러일으켰을 것이다. 사실은 그곳이 그 목적지가 아니라는 사실을 잘 알면서도 말이다. 기억하라. 데라의 출발은 좋았다. 자신이 살던 풍요로움을 떠나 새로운 비전을 찾아 간다는 것은 쉬운 일이 아니었다. 데라는 그 쉽지 않은 일을 훌륭히 시작했다. 그러니 마무리가 성공적이지 못했다. 삶에 지쳐 그만 그 거룩한 명령에 마지막까지 성공하진 못했던 것이다. 그는 그곳에서 자신의 삶의 마치고야 만다. 데라의 역할은 그뿐이다. 하란과 가나안의 거리는 멀지 않다. 하란에서 조금만 더 여정을 계속했더라면 그는 가나안을 직접 밟아보는 영광을 누렸을 것이다.

아브라함의 여정은 아버지 데라와 헤어지면서 시작한다. 낯선 이방 땅 하란에서! 삶의 위기는 때로 사람의 초심을 회복시켜 주는 것인가 보다. 아브라함의 두 번째 여정이 시작된다. 첫 번째 여정은 그의 아버지 데라와 함께 한 여정이었고 그 여정은 실패로 끝나고야 말았다. 이제는 스스로 가족을 이끌고 잠시(!) 중단되었던 가나안으로의 여정을 계속한다.

> 여호와께서 아브람에게 이르시되 너는 너의 본토 친척 아비집을 떠나 내가 네게 지시할 땅으로 가라(창12:1)
> 이에 아브람이 여호와의 말씀을 좇아 갔고 롯도 그와 함께 갔으며 아브람이 하란을 떠날 때에 그 나이 75세였더라(창12:4)

지금까지 가족을 이끌던 아버지가 죽는다는 것은 말할 수 없는 슬픔과 고통을 주는 일이다. 그러나 그 아버지가 살아계신 동안에 아버지를 남겨 두고 멈추었던 여정을 계속한다는 일은 그에 못지않은 고통과 용기를 수반하는 일임에는 틀림이 없다. 만약 그렇다면 아브라함이 어떻게 이런 결단을 내릴 수 있었을까?

성서가 제시하는 이유는 한 가지뿐이다. 그것은 아브라함이 "여호와의 말씀을 좇아(창12:4)" 갔다는 것이고, 그는 "마침내" 가나안 땅에 들어갔다(창12:4). 믿음의 여정은 분명 세상의 아픔을 딛고 일어서야만 가능한 것이리라.

> 여호와께서 아브람에게 나타나 가라사대 내가 이 땅을 네 자손에게 주리라 하신지라 그가 자기에게 나타나신 여호와를 위하여 그곳에 단을 쌓고 거기서 벧엘 동편 산으로 옮겨 장막을 치니 서는 벧엘이요 동은 아이라 그가 그곳에서 여호와를 위하여 단을 쌓고 여호와의 이름을 부르더니(창12:7-8)

아브라함이 가나안에 도착하자마자 가장 먼저 한 일은 그곳 가나안까지 인도하신 "여호와를 위하여" 단을 쌓고, "여호와의 이름을 부른" 일이었다(창12:7-8). 여기서 여호와를 위하여 단을 쌓았다는 말은 예배를 드렸다는 말이고, "여호와의 이름을 불렀다"는 표현은 기도했다는 말이다. 가나안 땅에서의 첫 예배의 감격이 그에게 얼마나 컸을까.

약속 하나, 하늘의 별과 같이…

믿음으로 안정된 고향을 떠나는 아브라함에게 하나님이 주신 복의 약속 중 하나는 그 후손에 관한 것이었다.

> 내가 너로 큰 민족을 이루고 네게 복을 주어…(창12:2)
> 내가 네 자손으로 땅의 티끌같게 하리니 사람이 땅의 티끌을 셀 수 있을진대 네 자손도 세리라(창13:16)
> 그를 이끌고 밖으로 나가 가라사대 하늘을 우러러 뭇별을 셀 수 있나 보라 또 그에게 이르시되 네 자손이 이와 같으리라(창15:5)
> 내가 네게 큰 복을 주고 네 씨로 크게 성하여 하늘의 별과 같고 바닷가의 모래와 같게 하리니 네 씨가 그 대적의 문을 얻으리라(창22:17)

아브라함의 아내 사래는 원래 잉태하지 못하는 여인이므로(창11:30) 도저히 믿어지지 않은 이 하나님의 약속에 대해 아브라함은 조급해 하기도 했다. 아브라함과 사래의 나이는 점점 많아지지만 하나님께서 약속해 주신 자손의 약속은 이루어지지 않았기 때문이다. 그래서 아브라함은 하나님을 향해서 거의 항변하다시피 한다. 창세기 15장을 보면 아마도 아브라함은 하나님의 약속을 기다리다가 결국 다메섹 출신의 엘리에셀이라는 사람을 양자로 정한다. 그러나 하나님은 여전히 아브라함의 후손을 약속하신다(창15:4). 하나님께서는 캄캄한 밤에 아브라함을 밖으로 데리고 나가서 밤하늘을 바라보게 하신다. 그리고 말씀하신다. "하늘을 우러러 뭇 별을 셀 수 있는가 보라. 네 자손이 이와 같으리라(창

15:5).” 아브라함은 지금 한 명의 아들이 없어 하나님께 항변했다. 그러나 하나님은 밤하늘의 수많은 별들을 가리킨다. 아브라함의 현실에 비추어 볼 때 밤하늘의 별처럼 그의 후손이 많게 될 것이라는 약속은 믿기 어려운 일이었다. 그러나 아브라함은 하나님의 말씀을 믿었다. 도저히 믿을 수 없는 하나님의 약속, 하나님의 말씀을 믿은 것이다. 이것이 신앙의 본질이다. 믿음이란 아무리 믿을 수 없는 약속이라 할지라도 그 약속을 주신 약속의 주체인 하나님을 절대적으로 신뢰하는 것이다. 하나님에 대한 이 절대적인 믿음에 대해 하나님은 이를 그의 의(義)로 여기셨다. 믿음이 의로 인정받는다는 이신칭의(以信稱義) 사상은 구약이나 신약이나 한결같다.

창세기 16장은 아브라함이 가나안에 거한 지 십년 후, 즉 그의 나이 85세 때의 이야기이다. 사라가 여전히 수태를 못하자 아브라함과 사라는 그 당시 옛날 사람들이 흔히 하던 관습에 의해 자식을 낳으려고 한다. 그것은 구약시대에는 부인이 아이를 낳지 못하면 부인의 몸종을 통해서 아이를 낳는 관습이 있었다. 결국 아브라함은 하갈이라는 몸종을 통해 아랍인의 조상이 되는 이스마엘을 낳는다. 하나님과의 약속이 이루어지지 않는 것과 같이 보일 때 아브라함은 초조한 나머지 인간적인 편법이라도 써서 하나님의 약속을 이루어 보려고 했던 것이다. 그러나 하갈이 낳은 이스마엘은 하나님이 약속했던 약속의 자식은 아니었다.

창세기 17장은 아브라함의 나이 많음을 다시 한 번 강조하면서 시작된다. 아브라함은 이미 99세의 나이에 접어들었다. 이렇게 아브라함의 늙음을 강조하는 것은 인간적인 능력으로는 후손에 대한 희망이 있을 수 없음을 보여 주려는 데에 있다고 할 것이다. 그러나 하나님은 이 희망 없는 노인 아브람의 이름을 아브라함(=열국의 아버지)으로, 그의 아내 사래의 이름을 사라(=열국의 어머니)로 바꾸어 주시기까지 하셨다(이전까지 아브라함은 아브람으로, 사라는 사래로 불렸다). 이에 대한 처음 아브라함과 사라의 반응은 웃음이었다. 그것은 하나님이 주신 말씀이기에 누리는 기쁨에 찬 웃음이 아니라 이미 모든 희망을 포기하여 기가 막혀 버린 웃음이었다.

> 아브라함이 엎드리어 웃으며 심중에 이르되 백 세 된 사람이 어찌 자식을 낳을까 사라는 구십 세니 어찌 생산하리요(창17: 17)
> 사라가 속으로 웃고 이르되 내가 노쇠하였고 내 주인도 늙었으니 내게 어찌 낙이 있으리요(창18:12)

이들의 웃음의 의미가 무엇인지를 아시는 하나님은 "여호와께서 능치 못할 일이 있겠느냐?(창18:14)"는 말씀으로 그들이 이미 포기해 버린 아들에 대한 약속을 다시 한 번 확인시켜 주신다. 그리고 그 약속은 드디어 성취되고야 말았다.

> 여호와께서 그 말씀대로 사라를 권고(돌본다는 뜻)하셨고, 여호와께서 그 말씀대로 사라에게 행하셨으므로, 사라가 잉태하고 하나님이 말씀한 기한에 미쳐, 늙은 아브라함에

게 아들을 낳으니(창21:1-2)

이 짧은 구절 속에 "하나님의 말씀"이 세 번에 걸쳐 등장하고 있다. 하나님의 말씀, 곧 하나님의 약속이 이루어졌다는 것을 강조하는 것이다. 반면 아브라함은 "늙은" 아브라함으로 소개되고 있다. 분명히 아브라함은 그 당시 100세나 된 늙은 노인이었다. 늙은 아브라함이 인간적으로는 불가능한 상황에서, 하나님의 말씀대로 아들을 낳았다는 말이다. 창세기 12장에서 75세의 노인에게 주어진 하나님의 약속이 21장에 와서야 비로소 성취되었다. 그러나 이것으로 하나님의 약속이 온전히 성취된 것은 아니니다. 하나님이 주신 약속은 아들 한 명으로 그치는 것은 아니었기 때문이다. 우리는 아브라함의 아들 이삭에게서도 후손에 대한 약속이 등장하는 것을 볼 수 있다.

네 자손을 하늘의 별과 같이 번성케 하며 이 모든 땅을 네 자손에게 주리니 네 자손을 인하여 천하 만민이 복을 얻으리라(창26:4)

그 약속의 진정한 성취는 창세기를 지난 출애굽기에서 성취된다. 출애굽기 1장 1-7절에 보면 아브라함 후손들이 이집트에서 강성한 민족이 된 것을 알 수 있고, 출애굽 할 때는 장정만 60만이 될 정도로 큰 민족을 이루었다.

약속 둘, 동서남북을 바라보라

하나님은 아브라함을 부르시면서, 그에게 본토(지금의 이라크 지역)와 친척, 아버지의 집, 즉 혈연과 지연을 떠나라고 명하셨다(창 12:1-2). 이 명령이 중대한 이유는 아브라함 시대와 같은 고대 시대에는 어떤 한 사람이 태어난 집안(가문, 혈연)과 장소(지연)는 그 사람의 신분 및 운명을 결정했기 때문이다. 오늘날은 자기가 태어난 고향에서 평생을 지내는 사람보다는 지역적으로 많은 이동을 하는 사람들이 많다. 그러나 고대사회로 올라갈수록 대부분의 사람들은 자기가 태어난 지역에서 평생을 살았다. 한 지역과 다른 지역간의 이동과 교류가 거의 없이 살았다. 그래서 지방 간에는 서로 말도 약간씩 틀리고 습관도 달라져 지방 사투리, 지방 문화가 생겨났다. 이렇듯 고대 사회에서 혈연과 지연은 한 자연인으로서의 운명을 결정해 주는 중요한 두 요소였다.

그런데 하나님께서는 아브라함에게 그가 속한 본토와 아버지의 집을 떠나라고 말씀하신다. 아브라함에게 그의 고향과 아버지의 집은 자연인(自然人) 아브라함을 보호해 주는 인간적 보호구역이었다. 하나님은 이제 이러한 인간적인 보호구역으로부터 떠나라고 말씀하신다. 그리고 하나님께서 보여 주시는 새로운 땅에서 새로운 백성을 이루라고 말씀하신다. 이 말은 자연인 아브라함이 안전하게 지내고 있던 보호영역으로부터 하나님께서 친히 인도하시고 보호해 주시는 하나님의 보호영역으로 옮기라는 말이다. 이제는 인간이 지켜 주는 보호가 아니라, 하나님께서 친히 지켜 주시는 보호 속으로 들어가라고. 하나님이 보호해 주시는 이 새로운 땅에서 하나님께서 이루어 주실 큰 민족은 하나님을 믿는 신앙 안에서 태어나는 새로운 인생, 새로운 나를 뜻하는 것이다.

아브라함이 하란에서 가나안 땅으로 간다는 것은 대단한 결단이 필요하다. 왜냐하면 아브라함의 원래 고향인 우르(창11:28)와 이주해 머무른 곳 하란은 대단한 문명 지역이었는데 그러한 편리한 곳을 두고 문명이 낙후된 가나안 땅으로 가라는 명령은 마치 서울 사람을 전깃불도 안들어 오는 깊은 골짜기 마을로 들어가 살라는 것과 마찬가지의 명령이었기 때문이다.

아브라함의 고향인 갈대아 지역의 우르는 유프라테스 강 하류 지역으로 그 당시 최고의 인류 문명 발달지였고, 수메르 문명의 중심지였다. 또한 아브라함의 아버지 데라와 함께 잠시 머물던 하란은 우르로부터 960km 북쪽으로 떨어진 지역에 위치했는데, 메소포타미아 북부 지역에서 최고로 발달된 최대의 상업도시였다. 이에 비해 당시 가나안 지역은 물질문명적으로 매우 낙후된 지역이었다.

문명의 발달지 가운데 하나였던 갈대아 우르를 떠나 가나안으로 이주한 아브라함에게 하나님이 주신 약속은 후손에 대한 것뿐만이 아니다. 그 가나안 땅이 앞으로 그의 후손이 살아야 할 땅임도 약속해 주셨다.

> 내가 이 땅(가나안 땅)을 네 자손에게 주리라(창12:7)
>
> 여호와께서 아브라함에게 이르시되 너는 눈을 들어 네 있

> 는 곳에서 동서남북을 바라보라 보이는 이 땅을 내가 너와 네 자손에게 주리니 영원히 이르리라(창13:14)
> 또 그에게 이르시되 나는 이 땅을 네게 주어 업을 삼게 하려고 너를 갈대아 우르에서 이끌어 낸 여호와로라(창15:7)
> 내가 너와 네 후손에게 너의 우거하는 이 땅 곧 가나안 일경으로 주어 영원한 기업이 되게 하고 나는 그들의 하나님이 되리라(창17:8)

예나 지금이나 사람이 살아갈 터전으로서의 땅의 중요성은 이루 말할 수 없다. 그런데 이 땅을 두고 예기치 않은 문제가 생겼다. 아브라함과 롯은 늘 같이 다녔다. 처음 가나안에 도착해서 먹을 것이 없어 떠돌아다니다 애굽까지 내려갔을 때만 해도 이들 사이에는 아무런 문제가 없었다. 그러나 이들의 공동생활에 문제가 생겼다. 아브라함과 롯은 각자의 소유가 너무 많아 같이 살 수 없게 되었다. 애굽에서 나올 때 소유가 너무 많아서 함께 살기에는 땅이 너무 비좁았다. 그래서 그 밑의 하인들이 자주 싸우게 되었다(창13:5-6).

우리 사회의 병폐의 뿌리가 여기에 있다. 못 살고 굶주리던 시대를 지나 조금 잘살게 되니까 예전엔 생각지도 않았던 갖가지 문제가 터져 나오기 시작한다. 그중에 가장 큰 것이 바로 물질에 대한 문제다. 거기엔 가나안 사람과 브리스 사람도 함께 있었다(창13:7). 그들도 땅이 좁아서 함께 부대끼며 살았다. 그런데 하나님을 믿는다고 하는 사람들이 더구나 삼촌과 조카 사이에 매일 분쟁하는 것을 보고 불신자들이 얼마나 비웃었겠는가? 이들의 싸움은 분명 세상의 조롱거리가 되었을 것이다.

과거에는 교회가 세상을 염려했는데, 지금은 세상이 교회를 염려하는 시대가 되었다고 한다. 이 세상엔 하나님을 아는 성(聖)과 하나님을 모르는 속(俗)이 있는데, 성이 속을 염려하는 게 아니라 속이 성을 염려한다. 교회가 바로 서지 못하고, 믿는 사람들이 세상에서 부끄러운 일들을 벌이기 때문이다.

땅 때문에 생긴 문제의 해결을 위해 아브라함은 조카인 롯에게 제안한다. "하나님이 내게 이 땅을 주셨는데 나누어야겠다. 네가 먼저 선택해라. 네가 먼저 선택하면 내가 나머지에서 살아가마." 쉬운 결단이었을까? 기득권을 포기한다는 것은 결코 쉬운 일이 아니다. 아브라함은 좋은 땅을 선택할 수 있는 기득권을 포기했다. 아브라함의 제안을 받아들인 롯이 떠나가는 모습을 보고 "조카라고 하나 있는 게 저 모양이니…" 하면서 서운해 하지도 않았다. 그의 관심과 시선은 땅에 고정되지 않고 하늘을 바라보고 있었기 때문이다. 롯이 떠난 후, 그 고독한 현장에 하나님께서 나타나셨다. 사람이 멀리 떠나면 하나님께서 가까이 다가오심을 잊지 말라. 결코 혼자 내버려 두시지 않으셨다. 하나님은 아브라함의 행위를 다 보고 계셨다. 더구나 그 하나님께서 눈을 들어 동서남북을 바라보게 하신다. 보이는 땅을 다 주시겠다고 약속하신다. 이미 조카에게 다 주었다고 생각했는데, 하나님의 계산은 달랐다. 동서남북이 다 너의 것이라고 했는데, 동쪽은 롯이 간 곳이다. 그곳도 하나님은 다 너에게 주겠다고 하신다. 이것이 하나님의 계산이다.

아브라함에게 가나안 땅을 주시겠다는 하나님의 약속은 그 후손이었던 이삭과 야곱에게서도 반복되어 나타난다.

> 이 땅에 유하면 내가 너(=이삭)와 함께 있어 네게 복을 주고 내가 이 모든 땅을 너와 네 자손에게 주리라(창26:3)
> 나는 여호와니 너(=야곱)의 조부 아브라함의 하나님이요 이삭의 하나님이라 너 누운 땅을 내가 너와 네 자손에게 주리니(창28:13)
> 내가 아브라함과 이삭에게 준 땅을 네게 주고 내가 네 후손에게도 그 땅을 주리라(창35:12)

가나안 땅을 아브라함과 그 후손에게 영원히 주시겠다는 하나님의 약속은 가슴 벅차기 그지없는 축복이었음에 틀림없다. 그러나 이 약속을 처음 받은 당사자인 아브라함은 정작 이 복의 수혜자가 되지는 못했다. 창세기 23장은 땅이 없는 아브라함의 현실과 하나님의 약속 사이의 큰 거리를 잘 보여 주고 있다. 아브라함은 하나님으로부터 땅에 대한 약속을 받았지만 사랑하는 아내 사라가 죽었을 때, 아내를 위한 매장지조차 없었다. 그래서 아브라함은 헤브론 원주민인 헷 족속(=히타이트) 중 에브론이라는 사람에게서 은 400세겔을 주고 '막벨라'라는 동굴을 구입한다. 사라를 매장한 이 막벨라 동굴무덤은 후에 아브라함, 이삭, 리브가, 야곱, 레아 등 창세기에 등장하는 주요 인물들이 함께 묻히는 매장지가 된다. 후손에 대한 약속처럼, 땅에 대한 약속 역시 그 성취에 이르기까지는 기나긴 기다림의 시간이 필요했다. 하나님은 약속은 우리가 방법이나 원하는 시기에 맞춰 빠르게 성취되는 것만은 아니다. 때로는 마치 그 약속이 사라져 버린 것처럼 오랜 세월을 필요로 하기도 하고 우리가 전혀 생각지 못했던 방법으로 성취되기도 한다.

4

꿈꾸는 비전의 사람, 요셉

아버지의 사랑, 형제의 미움

창세기의 마지막을 장식하는 요셉 이야기는 창세기에 등장하는 믿음의 선조들 이야기 중에 가장 많은 분량을 차지한다(창 37장, 39-50장). 아버지 야곱에게는 네 명의 아내, 레아와 라헬 그리고 이 두 여인의 몸종이었던 빌하와 실바가 있었다. 야곱과 레아 사이에서 르우벤, 시므온, 레위, 유다, 잇사갈이 태어나고, 라헬은 요셉과 베냐민을 낳았다. 그리고 라헬의 여종 빌하는 단과 납달리를 낳았고, 레아의 여종 실바는 갓과 아셀을 낳았다(창35:23-25). 요셉 이야기가 시작되는 창세기 37장은 유독 요셉을 편애하는 야곱과 이를 시기하는 형제들의 모습이 나타난다.

> 요셉은 노년에 얻은 아들이므로 이스라엘이 여러 형제들보다 그를 더 사랑하므로 그를 위하여 채색 옷을 지었더니 그의 형들이 아버지가 형들보다 그를 더 사랑함을 보고 그를 미워하여 그에게 편안하게 말할 수 없었더라(창 37:3-4)

야곱이 가장 사랑했던 아내 라헬은 막내아들 베냐민을 낳으면서 목숨을 잃는다. 베냐민의 처음 이름이 베노니(=내 고통의 아들)였던 것은 그의 출생 당시의 상황이 어떠했는지를 짐작하게 해준다. 아버지 야곱의 사랑은 라헬이 낳은 요셉과 베냐민에게 집중되었고, 특히 요셉에 대한 그의 사랑은 각별했다.

편애를 받던 요셉은 더군다나 눈치 없는 철부지였던 듯하다. 요셉의 형제들이 묶은 곡식 단이 자신이 묶은 곡식 단에 절하는 꿈과 해와 달과 열한 개의 별이 자신에게 엎드려 절하는 꿈을 꾼 요셉은 아무 생각 없이 형들에게 자신의 꿈 이야기를 한다. 누가 듣더라도 형제들이 동생인 요셉을 섬기게 되리라는 해석이 가능한 꿈이었다. 이 유명한 '꿈' 이야기로 인해 요셉이 형들의 미움을 한몸에 받던 어느 날, 요셉에 대한 야곱의 편애는 급기야 화를 부르고 말았다. 야곱은 양 떼를 치는 아들들의 상황이 궁금하여 요셉을 보낸다. 당시 야곱과 요셉이 남아있던 장소는 헤브론이었고, 요셉의 형들은 여러 날 걸려야 도달할 수 있는 거리에 있는 세겜이라는 곳에서 양을 치는 중이었다. 그러나 요셉이 세겜에 도착했을 때 요셉은 어떤 사람으로부터 형들이 이미 그곳을 떠나 세겜에서 북쪽으로 25km나 더 떨어진 도단이라는 곳으로 장소를 옮겼다는 사실을 알게 된다. 이스라엘 땅은 북쪽으로 갈수록 땅이 비옥하다는 것을 생각하면 아마도 요셉의 형들이 더 비옥한 목초지를 찾아 옮겨 다니고 있었음을 짐작할 수 있다.

> 그 사람이 이르되 그들이 여기서 떠났느니라 내가 그들의 말을 들으니 도단으로 가자 하더라 하니라 요셉이 그의 형들의 뒤를 따라가서 도단에서 그들을 만나니라(창37:17)

형들을 만나기 위해 요셉이 걸어간 길은 결코 짧지 않았다. 그러나 아버지가 입혀 준 채색옷을 입고 오는 동생을 보는 형들은 지금이 동생을 죽일 수 있는 좋은 기회라고 생각하고 구덩이를 파기 시작했다. 형들은 멀리서 형들을 부르며 다가온 요셉의 채색옷을 벗기고 그를 잡아 구덩이에 던져 버렸지만, 차마 동생을 죽일 수는 없었다. 때마침 길을 지나가는 미디안 사람들이 있었고, 형들은 은 20조각을 받고 동생을 팔아넘긴다. 여기서 은 20조각이라는 값은 레위기에 나오는 사람의 서원 값과 정확히 일치한다.

> 다섯 살로부터 스무 살까지는 남자면 그 값을 20세겔로 하고 여자면 10세겔로 하며(레27:5)

요셉을 팔아넘긴 형들은 요셉의 옷에 숫염소의 피를 적시고 이를 우연히 발견한 것처럼 아버지 야곱을 속인다.

> 아버지가 그것을 알아보고 이르되 내 아들의 옷이라 악한 짐승이 그를 잡아먹었도다 요셉이 분명히 찢겼도다 하고 자기 옷을 찢고 굵은 베로 허리를 묶고 오래도록 그의 아들을 위하여 애통하니 그의 모든 자녀가 위로하되 그가 그 위로를 받지 아니하여 이르되 내가 슬퍼하며 스올로 내려가 아들에게 가리라 하고 그의 아버지가 그를 위하여 울었더라(창37:35)

야곱은 자신의 아들들에게 철저히 속아 넘어간다. 야곱이 어떤 사람이던가. 평생 누군가를 속이는 데에는 일가견이 있던 사람이었다. 형 에서를 속여 장자권을 가로채고, 아버지 이삭을 속여 장자의 축복을 한 몸에 받았던 사람이다. 외삼촌 라반을 속여 그의 모든 재산을 한 손에 거머쥐고 나온 사람이 바로 야곱이었다. 그런 야곱이 지금 속고 있다. 그것도 자신의 아들들에게 말이다.

종과 죄수로 살아가다

미디안 상인에게 끌려간 요셉은 이집트 왕의 신하 친위대장 보디발의 집에서 종으로 살아가게 된다. 그곳에서 요셉은 더 이상 예전의 철부지가 아니었다. 아버지 야곱이 라반의 집에 복을 가져다 주었듯이(창30:27), 성실한 요셉은 보디발의 집에 복덩어리와 같은 존재가 되었다. 요셉의 성실함은 이미 그의 형들을 찾아

며칠 길을 걸어갔던 모습에서도 찾아볼 수 있지 않은가. 주인 보디발의 인정을 받은 요셉은 그 집안의 모든 소유를 관장하게 된다.

> 그의 주인이 여호와께서 그와 함께 하심을 보며 또 여호와께서 그의 범사에 형통하게 하심을 보았더라 요셉이 그의 주인에게 은혜를 입어 섬기매 그가 요셉을 가정 총무로 삼고 자기의 모든 소유를 그의 손에 위탁하니(창39:4-5)

그러나 보디발 집에서의 요셉의 행복은 잠시뿐이었다. 용모가 빼어나고 아름다웠던(창39:6) 요셉을 탐낸 보디발 아내의 접근이 있었다. 유혹은 동침을 청하는 안주인의 유혹을 거절했지만, 그 여인의 유혹은 날마다 계속되었다.

> 여인이 날마다 요셉에게 청하였으나 요셉이 듣지 아니하여 동침하지 아니할 뿐더러 함께 있지도 아니하니라(창39:10)

많은 구약학자들은 요셉 이야기가 완전한 형태를 갖춘 시기가 솔로몬 왕 때였을 것으로 보고 있다. 솔로몬 당시 이스라엘과 이집트는 두 나라 사이에 문화적인 교류가 활발했었다. 요셉 이야기가 이 두 나라 사이를 오고 가면서 펼쳐지고 있는 것뿐만 아니라 여기 등장하는 요셉이 자신은 하나님을 경외하는 사람임을 분명히 밝히면서 이방 이집트 여인의 유혹을 단호하게 거절하는 것 등이 솔로몬 시대에 기록된 잠언의 말씀들 속에 자주 등장하는 것과 결코 무관하지 않다고 보기 때문이다(잠3:1-8; 5장; 6:20-7:27 참고).

> 내 아들아 어찌하여 음녀를 연모하겠으며 어찌하여 이방 계집의 가슴을 안겠느냐 대저 사람의 길은 여호와의 눈 앞에 있나니 그가 그 사람의 모든 길을 평탄하게 하시느니라(잠5:20-21)

여인의 유혹을 뿌리치던 어느 날, 급기야 보디발의 아내는 요셉의 옷을 붙잡고 늘어졌고, 그 자리를 뛰쳐나가는 요셉의 옷을 움켜쥔다. 남겨진 옷이 빌미가 되어 요셉은 누명을 쓰고 왕의 죄수를 가두는 감옥에 갇히게 된다. 그 감옥은 보디발의 집 안에 있었다.

> 여호와께서 요셉과 함께하시고 그에게 인자를 더하사 간수장에게 은혜를 받게 하시고 간수장이 옥중 죄수를 다 요셉의 손에 맡기므로 그 제반 사무를 요셉이 처리하고 간수장은 그의 손에 맡긴 것을 무엇이든지 살펴보지 아니하였으니 이는 여호와께서 요셉과 함께하심이라 여호와께서 그를 범사에 형통하게 하셨더라(창39:21-23)

그러나 감옥에 갇힌 요셉의 일상에는 변화가 없었다. 보디발의 집에서 그랬던 것처럼, 그는 여전히 성실했고, 하나님은 요셉과 함께하시며 그의 범사를 형통케 하셨다. 하나님이 함께 하시는 삶이었기에 그의 삶은 감옥 안에서도 형통하였다(창39:23).

꿈이 현실로! 해피엔딩의 주인공

억울하게 왕의 죄수를 가두는 감옥에서 간수장을 대신하는 삶을 살아가던 요셉은 꿈과 관련된 또 다른 사건들을 맞이한다. 첫 번째 꿈 이야기와 다른 점이 있다면, 지금부터는 자신이 꾼 꿈이 아니라 다른 사람들이 꾼 꿈을 해몽해 주었다는 점이다.

왕의 친위대장이었던 보디발의 집 안에 있는 '왕의 죄수를 가두던 감옥'에는 이집트 왕의 노여움을 사서 수감된 왕의 술 맡은 자와 떡 굽는 자가 있었다. 그들은 스스로 해몽할 수 없는 난해한 꿈을 꾸었고 요셉은 그들의 꿈을 각각 길조와 흉조로 해몽해 주었고, 각각 복직과 사형이라는 결과로 그 해몽은 신기하게 맞아 떨어졌다. 꿈의 뜻을 풀어 준 삯으로 요셉은 술 맡은 자에게 억울하게 끌려온 자신을 위해 이집트 왕에게 잘 말해 줄 것을 부탁하지만, 그는 이내 요셉을 잊고 지냈고, 그렇게 감옥 안에서의 시간은 계속 흘러가고 있었다. 그가 요셉을 다시 기억해 낸 것은 자신이 모시는 이집트 왕이 꿈을 꾼 사건 때문이었다.

그후 2년이 지난 후 이집트 왕 또한 해몽이 어려운 꿈을 꾸였고, 술 맡은 자의 소개로 요셉은 왕의 꿈 해몽을 위해 불려 갔고, 꿈의 해몽뿐 아니라 장차 이집트에 닥칠 재난에 대한 대비책까지 완벽하게 제안하는 요셉의 지혜는 왕과 그의 모든 신하들을 감복시켰다. 이 일이 계기가 되어 요셉은 왕 다음가는 총리의 지위에 오르게 된다.

종으로 팔려 온 이집트 땅에서 총리의 지위까지 오른 요셉에게 두 아들이 태어난다. 장남의 이름은 므낫세였고, 차남의 이름은 에브라임이다. 이 두 아들은 후에 이스라엘을 대표하는 열두 지파 명단에 오르게 되고, 대신 요셉의 이름과 제사장 지파의 선조였던 레위는 명단에서 빠지게 된다.

요셉이 대비하던 재난의 범주는 이집트뿐 아니라 전 근동 지역을 걸쳐 일어났다. 아버지와 형제들이 살고 있던 가나안 땅 역시 그 재난을 피해 가지는 못했다. 식량을 구하기 위해 찾아온 형들은 이집트의 총리가 자신의 동생 요셉이라고는 상상도 하지 못했다. 일부러 통역까지 세워가면서(창42:23) 신분을 숨기는 자신에게 머리를 숙이는 형들을 보면서, 요셉은 한때 자신이 꾸었던 꿈이 현실로 이루어지고 있음을 보았다(창42:9).

요셉은 일부러 형들을 정탐꾼으로 몰아 막내 동생 베냐민을 불러오게 하고, 형들이 돌아갈 때에 베냐민의 짐 속에 자신의 은잔을 일부러 숨겨 두어 적발하고는 베냐민을 이집트에 남겨 두려 한다. 베냐민이 자신처럼 라헬의 소생이었다는 점과 자신을 팔아넘겼던 형들을 생각하면 동생 베냐민 또한 걱정되었기 때문이었는지도 모른다. 그러나 이때의 형들은 예전에 자신을 죽이려

하고 팔아넘기던 때의 형들이 아니었다.

> 아버지(=야곱)가 아이(=베냐민)의 없음을 보고 죽으리니 이같이 되면 종들이 주의 종 우리 아버지가 흰머리로 슬퍼하며 스올로 내려가게 함이니이다(창44:31)
> 이제 주의 종(=유다)으로 그 아이를 대신하여 머물러 있어 내 주(=요셉)의 종이 되게 하시고 그 아이는 그의 형제들과 함께 올려 보내소서 그 아이가 나와 함께 가지 아니하면 내가 어찌 내 아버지에게로 올라갈 수 있으리이까(창44:33-34)

형제들 중 유다가 차라리 자신을 죄인으로 남겨 두어 종으로 삼고 동생 베냐민은 아버지 야곱에게로 돌려보내 달라고 간청한다. 게다가 베냐민을 데려올 때에 이미 맏형 르우벤은 아버지 야곱에게 자신의 두 아들의 생명을 담보하면서까지 베냐민을 지키겠노라고 약속하기까지 했었다. 가나안 땅에서 있었던 이 일을 요셉이 알았을 리는 없다. 그러나 유다의 행동만으로도 요셉의 마음은 주체할 수 없는 감정에 휩싸이고 만다. 그 자리에서 요셉은 주위의 다른 사람들을 다 물러가게 하고 큰 소리로 울며 자신의 정체를 밝힌다.

> 요셉이 형들에게 이르되 내게로 가까이 오소서 그들이 가까이 가니 이르되 나는 당신들의 아우 요셉이니 당신들이

애굽에 판 자라 당신들이 나를 이곳에 팔았다고 해서 근심하지 마소서 한탄하지 마소서 하나님이 생명을 구원하시려고 나를 당신들보다 먼저 보내셨나이다(창45:4-5)

형들이 이집트에 "판 자"라는 표현은 요셉의 정체를 밝히는 결정적인 증거가 된다. 이는 요셉과 형들만이 알고 있었던 비밀이었기 때문이다. 그러면서 동시에 요셉은 지금까지 일어난 모든 일이 가족의 생명을 구원하시기 위한 하나님의 계획이었음을 상기시킨다.

그리고 이 일은 비단 요셉과 형제들의 기쁨으로만 그치지는 않았다. 요셉의 형들이 왔다는 소식은 이집트 왕과 모든 신하들의 기쁨으로까지 이어졌다(창45:16). 이집트 왕은 요셉의 모든 가족이 이집트로 와서 함께 살 것을 제안한다. 그리고 자신이 타는 수레를 보내어 야곱을 데려오게 한다. 요셉이 살아있다는 소식이 야곱으로서는 꿈만 같은 일이었을 것이다. 야곱이 그 소식을 접하고 어리둥절해 하던 요셉은 왕이 타는 수레를 보고야 그 말을 믿는다.

야곱이 그들의 말을 믿지 못하여 어리둥절하더니 그들이 또 요셉이 자기들에게 부탁한 모든 말로 그에게 말하매 그들의 아버지 야곱은 요셉이 자기를 태우려고 보낸 수레를 보고서야 기운이 소생하지라(창45:26-27)

아버지 야곱이 죽을 무렵에 요셉도 죽음을 맞이한 것 같다. 이스라엘의 선조들 이야기를 마무리하는 창세기의 마지막 두 장(49-50장)은 두 사람의 죽음을 묘사하고 있다. 바로 야곱과 그가 가장 사랑했던 아들 요셉의 죽음이다. 야곱 못지않게 요셉 역시 파란만장한 삶을 살아간 신앙의 선조 중 하나이다. 창세기는 이들에 의해 해피엔딩으로 마무리된다.

5

리더십의 모델, 모세

430년의 공백

성경에는 400여 년의 긴 공백을 지닌 부분이 두 군데 있다. 그 중 하나는 구약성경의 마지막인 말라기와 신약성경의 첫 책인 마태복음 사이이다. 이 두 책 사이의 시대를 "신구약중간기"라고 부른다. 말라기의 시대적 배경은 주전 400년의 페르샤 시대이다. 마태복음은 예수님의 탄생 이야기를 담고 있다. 시대적인 배경이 로마 시대이다. 이 두 책 사이에 헬라제국 시대가 숨겨져 있는 것이다. 구약성경에서는 주로 히브리인이라고 불리던 이름이 신약성경에서는 유대인으로 불리고, 구약성경에서는 등장하지 않는 사두개인, 바리새인, 헤롯 왕국 등이 갑자기 신약성경에서 등장하는 것도 바로 이 시간적 공백 때문이다.

또 한 군데는 창세기와 출애굽기 사이이다. 창세기의 종결 부분은 야곱과 그의 아들들이 애굽으로 이민을 가서 그곳에서 총리가 된 요셉과 만나게 된 이야기로 끝이 난다. 그런데 창세기가 끝나고 출애굽기로 들어가면서 이스라엘 사람들이 애굽에서 그 수가 크게 번성하고 늘어난다. 일찍이 아브라함에게 주셨던 후손에 대한 약속이 계속해서 실현되어 졌음을 말해 주는 것이다. 그러나 불행하게도 이스라엘 사람들은 애굽 사람들의 종노릇을 하게 된다. 이집트의 왕은 많은 이스라엘 사람들을 대 건축 사업에 강제 노동자로 부리게 된 것이다. 이스라엘 자손이 애굽에서 하나님의 크신 은혜를 받아 크게 번성하지만 그것이 세상에서 화근이 되어 노예로 전락하는 장면을 보여 준다.

> 감독들을 그들 위에 세우고 그들에게 무거운 짐을 지워 괴롭게 하여 그들에게 바로를 위하여 국고성 비돔과 라암셋을 건축하게 하니라 그러나 학대를 받을수록 더욱 번성하여 퍼져 나가니 애굽 사람이 이스라엘 자손으로 말미암아 근심하여 이스라엘 자손에게 일을 엄하게 시켜 어려운 노동으로 그들의 생활을 괴롭게 하니 곧 흙 이기기와 벽돌 굽기와 농사의 여러 가지 일이라 그 시키는 일이 다 엄하였더라(출1:11-14)

창세기의 해피엔딩이 출애굽기로 이어질 때에는 비참한 현실로 뒤바뀐 것이다. 그 이유를 출애굽기 기자는 다음과 같이 짤막하게 기록하고 있다.

> 요셉을 알지 못하는 새 왕이 일어나 애굽을 다스리더니(출 1:8)

새로운 왕이 요셉을 알지 못했다니 무슨 말일까? 이집트의 왕조가 바뀌었다는 말이다. 요셉과 같이하던 애굽의 왕조였던 힉소스(Hyksos) 왕조가 무너지고 애굽에 새로운 왕조가 형성되었다는 말이다. 정치와 세계사적으로 보면 단순히 왕조가 바뀐 것이지만, 이스라엘은 고센 땅에서 도시를 건설하는 노예로 전락하게 되고, 고통 가운데서 이스라엘 사람들은 하나님께 부르짖었고, 그 백성을 하나님이 인도하셨다는 데에서 영적인 의미를 찾아야 한다. 왕조가 바뀌었으니 예전의 총리 집안이 더 이상 충신 가문으로서의 대접을 받을 수 없었다는 말이다. 새로운 왕조가 형성된 역사를 성경은 신학적, 신앙적으로 표현하고 있는 것이다.

그러나 아무리 환경이 돌변한다 해도 변하지 않는 것이 있다. 그건 시대를 초월하시는 하나님의 약속이다. 이미 창세기 15장에서 노예생활 400년에 대한 언급이 있었고 4대가 지난 후에 가나안 땅에 돌아온다는 약속을 주셨다. 그리고 그 약속은 출애굽기 12장에 가서 비로소 성취된 것으로 나타난다.

> 여호와께서 아브람에게 이르시되 너는 반드시 알라 네 자손이 이방에서 객이 되어 그들을 섬기겠고 그들은

400년 동안 네 자손을 괴롭히리니 그들이 섬기는 나라를 내가 징벌할지며 그 후에 네 자손이 큰 재물을 이끌고 나오리라…. 네 자손은 4대 만에 이 땅으로 돌아오리니…(창 15:13-16)

이스라엘 자손이 애굽에 거주한 지 430년이라 430년이 끝나는 그날에 여호와의 군대가 다 애굽 땅에서 나왔은즉 (출12:40-41)

하나님이 아브라함에게 주신 몇 가지 약속이 있다. 자손에 대한 약속을 주셨고, 땅에 대한 약속을 주셨고, 모든 민족이 복을 받게 되리라는 약속까지 주셨다. 그런데 오래 걸렸다. 이미 언급한 것처럼 아브라함이 100세가 되어서야 이삭을 주셨고, 사랑하는 아내 사라가 죽었을 때 매장할 땅 한 평이 없어서 헷 족속에게서 땅을 사야만 했고, 여호수아 시대에 들어서야 비로소 땅에 대한 약속이 실현되었다. 모든 민족이 복을 얻으리라는 약속은 신약시대 예수님의 오심으로 실현되었다. 참으로 오래 걸린 약속의 실현이다. 비록 더딜지라도 기다릴 줄 알아야 한다. 하나님은 반드시 당신의 약속을 실현시켜 주시는 분이다.

물에서 건짐 받은 모세

모세의 출생 이야기는 드라마틱하다. 당시는 히브리 사람을 향한 강압과 학정이 극에 달하던 때였고, 하나님을 모르는 애굽 왕이 새로 태어나는 히브리 민족의 아들들을 다 죽이라는 지엄한 명령이 있던 때였다. 그러나 하나님의 섭리는 여전히 히브리 민족의 번영과 창성을 이끌고 계셨다. 그러던 중 한 레위인 가정에서 모세가 태어난다. 어머니 요게벳은 애굽의 살인 정책을 피해 아들을 3개월간 길러 보지만 더 이상 숨길 수 없게 되어 아이를 갈상자(=테바)에 넣어 나일 강물에 떠내려 보낸다.

갈상자에 담긴 모세는 마침 목욕하기 위해 강에 나온 바로의 딸에 의해 발견된다. 다른 사람도 아닌 히브리 남자아이를 모조리 죽이라고 명령한 바로 그 바로의 딸이다. 긴장된 순간이다. 이대로 죽임을 당할 것인지, 아니면 구함을 받아서 생명을 건질 것인지 아이의 삶과 죽음이 판가름 나는 순간이다. 공주는 즉시 이 아기가 히브리인의 아기라는 점을 알아본다(6절). 그만큼 바로의 명령은 철저하게 시행되고 있었던 것이다. 바로의 딸은 모세를 살려야겠다는 판단을 내린다. 그 장면을 묵묵히 지켜보던 또 다른 여인이 있었다. 바로 모세의 누이였던 미리암이다. 미리암은 바로의 딸에게 아이를 위한 유모를 불러올 것을 추천하고 바로의 딸은 이를 허락한다. 미리암이 아이를 위해 데려온 유모는 자신의 어머니, 즉 모세의 친모였던 요게벳이다. 죽이라는 명령을 내린 바로의 딸이 그 어명을 어기고 아이의 생명을 구하고 나아가 모세가 그 죽음의 세력의 소굴인 궁중에 들어감은 얼마나 놀라운 섭리인가. 더욱이 모세의 어머니가 직접 그 아이를 돌보고 키움은 얼마나 완벽한 섭리인가?

왕자에서 필부(匹夫)로 전락하다

모세의 성장 과정이 성경에는 밝혀 있지 않지만, 아마도 이집트 공주의 양자가 되어서 왕실 후손이나 고위층 자제들과 같이 정규적인 이집트 교육을 받았을 것이다. 그러나 어머니 요게벳의 양육은 모세를 히브리인으로 길러냈음에 틀림없다. 모세는 궁중에서 갖가지 지식과 기능을 익혔지만, 동시에 그의 마음속에는 '나는 히브리인이다'라는 자기 정체성에 대한 인식과 믿음이 굳게 자리 잡고 있었다. 이는 다음의 사건에서 잘 드러난다. 어느 날 어른이 된 모세는 밖에 나갔다가 자신의 형제들인 히브리 사람들이 강제노동으로 고생하는 것을 보게 되고, 때마침 이집트 인 하나가 히브리인을 때리는 것도 보게 되었다.

> 모세가 장성한 후에 한번은 자기 형제들에게 나가서 그들이 고되게 노동하는 것을 보더니 어떤 애굽 사람이 한 히브리 사람 곧 자기 형제를 치는 것을 본지라 좌우를 살펴 사람이 없음을 보고 그 애굽 사람을 쳐 죽여 모래 속에 감추니라(출2:11-12)

본문이 히브리인에 대해 모세의 "형제"라고 말하고 있음을 주목할 필요가 있다. 그는 애굽의 왕궁에서 자라났으나 분명 히브리인의 정체성을 지니고 있었다. 그러나 이 일로 인해 꼼짝없이 수배자가 된 모세는 바로의 낯을 피하여 그의 영향력이 미치지 않는 미디안 땅으로 달아난다. 조금 전까지만 해도 이집트의 왕자였던 사람이 이제는 아무런 법의 보호도 받지 못하는 히브리인의 신세가 되고 만 것이다.

부름 받는 모세

그러던 중에도 애굽인의 학대 밑에서 신음하던 이스라엘의 고통은 계속되었고 이제 하나님은 출애굽의 역사를 시작하셨다. 그것은 미디안에서 이드로의 양 떼를 치던 모세를 찾아오시는 것으로 시작되었다. 모세의 나이 80무렵이 되었을 때에 모세는 여느 날처럼 양 떼를 이끌고 다니면서 꼴을 먹이다가 미디안 광야 서쪽에 있는 호렙이라는 산(=시내 산)에 이르렀을 때, 이스라엘의 지도자로 부름을 받는다.

이제부터 모세는 철저하게 하나님의 종으로 살아가라는 의미인 것이다. 그러나 그때 모세는 노령이었다. 80세의 나이는 아무 것도 할 수 없는 나이다. 젊었을 때의 열정은 사라져 버리고 애굽에서 고통 받고 있는 형제들하고는 멀리 떨어져서 더 이상 아무런 도움도 줄 수 없는 그런 무력감이 온 삶을 휩싸고 있을 때였다. 삶의 여정에서 공허함이 가득 차고 빈손을 내려뜨리고 어찌할 수 없이 하늘만 쳐다보고 있을 때 놀랍게도 하나님께서는 모세를 찾아오셨다. 조금만 더 젊었을 때, 아직 혈기가 왕성하고, 뭔가 하나님의 일을 하고자 하는 의기가 충천했을 때 그를 부르셨다면 얼마나 좋았을까? 그러나 하나님의 생각은 달랐다. 모세에게 더 이상 자신감이라는 항목이 존재하지 않을 때에 그를 부르셨다. 왜일까? 하나님이 계획하시는 그 위대한 사역은 사람의 능력으로나 의지에 의해서 이루어질 수 있는 일이 아니었기 때문이다. 마치 먼 옛날 아브라함과 사라가 아이를 낳을 수 있는 가능성을 다 상실했을 때에 이삭을 허락하셨던 것과 마찬가지이다. 일찌감치 아들을 허락하셨다면 그것은 하나님의 능력이 아닌 한 인간의 승리로 끝나 버릴 일이었기 때문이었으리라.

변 명

애굽의 학정 아래 시달리고 있던 이스라엘 족속의 구원을 위한 하나님의 계획은 이미 시작되었다. 그러나 그 일은 처음부터 장벽에 막히게 된다. 그 장벽은 다름 아닌 모세 자신이었다. 자신을 들어 쓰시려는 하나님의 계획이 모세 자신으로서는 반가운 일이 아니었다. 비록 오랜 세월이 지나긴 했어도 애굽은 자신을 버린 땅이었고, 또한 자신이 버리고 온 땅이었다. 그곳을 다스리고 있는 애굽인들은 자신의 생명을 찾으려하던 이들이었고, 그곳에서 학대 받는 히브리 민족은 자신을 거부한 민족이었던 것이다. 결국 모세는 하나님의 부르심을 다섯 번이나 변명하며 거절하고야 만다.

첫 번째 변명, 내가 누구이기에…: 모세가 하나님께 아뢰되 내가 누구이기에 바로에게 가며 이스라엘 자손을 애굽에서 인도하여 내리이까(출3:11)

모세는 지금 자신이 무능하다는 것을 누구보다도 잘 알고 있다. 자기로서는 그렇게 거룩하고 어려운 일을 감당하기에는 부족하다고 생각했다. 그러나 하나님은 그런 모세에게 이 거룩한 사역을 이끌어 갈 힘이 모세에세 있는 것이 아니라 하나님에세 있음을 확인시키신다. "내가 정녕 너와 함께 있으리라"는 하나님의 짧은 대답은 이미 충분한 해답이었다(출3:12). 하나님의 일은 하나님이 하심을 잊지 말자. 하나님이 우리와 함께 하신다면 우리가 누구이건 그것은 아무런 문제가 되지 않는다. 그 하나님께서는 지금 모세와 함께하실 것임을 약속하신다.

두 번째 변명, 무엇이라 말하리이까…: 모세가 하나님께 아뢰되 내가 이스라엘 자손에게 가서 이르기를 너희의 조상의 하나님을 나를 너희에게 보내셨다 하면 그들이 내게 묻기를 그의 이름이 무엇이냐 하리니 내가 무엇이라고 그들에게 말하리이까(출3:13)

모세의 두 번째 변명에는 하나님에 대한 확신의 부재를 드러낸다. 확신의 부재에 대한 하나님의 응답은 하나님의 자기소개로 나타난다. 자신을 스스로 있는 자로 소개하시는 하나님은 또한 너희 조상의 하나님, 곧 아브라함의 하나님, 이삭의 하나님, 야곱의 하나님 여호와이심을 알려주신다. 이스라엘 족속이라면 누구나 다 알고 있는 그 하나님이 이 거룩한 역사를 이루실 주관자이심을 알려 주신다.

> 세 번째 변명, 그들이 믿지 아니할 텐데…: 모세가 대답하여 이르되 그러나 그들이 나를 믿지 아니하며 내 말을 듣지 아니하고 이르기를 하나님이 네게 나타나지 아니하셨다 하리이다(출4:1)

모세가 두려움은 이스라엘 족속이 하나님을 믿지 않는 것이 아니라, 그들이 믿는 하나님이 자신을 보냈다는 사실을 믿지 않으리라는 데에 있었다. 일찍이 자신을 밀고하고 배신을 했던 족속이 자신을 믿어 주리라고는 생각할 수 없었던 것이다. 애굽의 왕과 그 백성들도 문제였지만 더 큰 문제는 이스라엘 사람들이었다. 그들이 자신을 하나님의 사명 받은 자로 인정하고, 자신이 받은 말씀을 하나님의 계시로 믿어 줄 것인지 확신이 안 서기 때문에 이를 구실로 사명을 회피하고자 한다. 출애굽 같은 근본적인 변화를 일으키려면, 백성이 지도자(leader)를 믿고 따라 주어야 지도자도 그들을 고무시키며 승리로 나아갈 수 있는데, 과거를 생각하면 자신이 없었던 것이다. 젊은 시절, 자기를 배척하던 이스라엘 사람들이 아니던가? 그 쓰디쓴 경험을 생각하면 우려를 지울 수가 없었다. 이에 하나님은 모세가 잡고 있는 지팡이를 뱀으로 만들었다가 다시 지팡이로 만드는 이적과 모세의 손에 문둥병을 일으켰다가 다시 치유하는 이적으로 답하신다.

> 네 번째 변명, 말을 잘하지 못하나이다: 모세가 여호와께 아뢰니 오 주여 나는 본래 말을 잘하지 못하는 자니이다 주께서 주의 종에게 명령하신 후에도 역시 그러하니 나는 입이 뻣뻣하고 혀가 둔한 자니이다(출4:10)

모세의 네 번째 변명은 자신의 부족한 구변을 구실로 한다. 사실 이것은 가장 치명적인 모세의 약점이기도 했다. 젊은 시절, 싸움에는 능했을지 모르나 조리 있게 말할 줄 모르는 자신이었다. 말을 잘 못하는 사람은 주먹부터 나간다고 했던가. 말주변이 부족한 다혈질 청년 모세는 결국 사람을 죽인 적이 있다. 탈무드에는 이런 모세를 가리켜 "말더듬이 모세"라고 말하기도 한다. 이스라엘 자손을 설득하고 바로와 대결하려면 유창한 말솜씨가 필요한데, 자기한테는 그 능력이 없다는 것이다. 그러나 말을 잘한다고 하나님이 쓰시는 것이 아니다. 하나님께서 우리를 사용하시는 것은 우리가 지닌 재간 때문이 아니다. 하나님은 사람의 입을 지으신 이도, 사람으로 하여금 벙어리나 귀머거리나 소경이 되게 하신 이도 바로 하나님이심을 확인시키시며, "이제 가라 내가 네 입과 함께 있어서 할 말을 가르치리라(출4:12)"고 약속하신다.

> 다섯 번째 변명, 보낼 만한 자를 보내소서: 모세가 이르되

오 주여 보낼 만한 자를 보내소서(출4:13)

모세의 마지막 변명은 짤막하면서도 단호하다. "보낼 만한 사람"을 보내라는 이 마지막 변명에는 하나님의 말씀에 대한 분명한 거절이 담겨 있다. 이러한 모세의 태도에 대해 결국 하나님은 노를 발하시고야 만다(출4:14). 다섯 번이나 감히(?) 하나님의 명령에 변명과 거절로 일관하는 모세의 모습은 맡겨 주신 그 사명이 모세에게 얼마나 두렵고 떨리는 일이었는지를 가늠하게 한다. 말씀 앞에 두려워 떨고 있는 한 지도자의 모습, 하나님은 이제 그를 성경 역사상 가장 위대한 지도자로 세우시게 된다. 본디 하나님 말씀을 대신 전하는 자를 예언자라고 한다. 예언자의 말은 타고난 재주가 아니라 진리의 원천이신 하나님의 계시에서 나온다. 하나님이 그 말씀을 맡기셨다는 것은 하나님이 함께하신다는 또 다른 증거이기도 하다.

출애굽의 진정한 목적, 예배하는 공동체

출애굽 사건은 해방의 모델임에 틀림없다. 그러나 출애굽 사건은 단순히 이스라엘의 해방을 의미하는 정치적 사건만이 아니다. 그것은 430년 동안 노예로 살았던 하나님의 백성의 육체적, 노예적 해방만이 아닌, 다시 하나님께 예배하는 공동체로 돌아옴을 뜻했다. 이는 출애굽기 전반부에 나오는 말씀에서 잘 드러난다.

> 하나님이 가라사대 내가 정녕 너와 함께 있으리라 네가 백성을 애굽에서 인도하여 낸 후에 너희가 이 산에서 하나님을 섬기리니 이것이 내가 너를 보낸 증거니라(출3:12)
> 히브리 사람의 하나님 여호와께서 나를 왕에게 보내어 이르시되 내 백성을 보내라 그들이 광야에서 나를 섬길 것이니라 하였으나 이제까지 네가 듣지 아니하였노라(출7:16)
> 여호와께서 모세에게 이르시되 바로에게 들어가서 그에게 이르라 히브리 사람의 하나님 여호와께서 말씀하시기를 내 백성을 보내라 그들이 나를 섬길 것이니라(출9:1, 9:13;10:3)

출애굽 사건은 단순히 약속의 땅의 성취, 억압으로부터의 해방만이 있는 것이 아니라 예배와 밀접히 관계된다. 즉 출애굽은 하나님을 예배하기 위한 목적, 하나님께 올바른 예배를 하기 위한 목적이 있다는 것이다. 그래서 여호수아 24장에 보면 땅에 대한 약속이 모두 실현된 후 "세겜"에서 예배 드리는 장면을 볼 수 있다. 더 나아가 출애굽은 이스라엘의 민족적, 혈연적 공동체를 벗어나 예배를 위한 "예배 공동체(community of worship)"가 형성되는 계기임을 알 수 있다. 출애굽기 12장 38절에 보면 "중다한 잡족(erev, 에레브: 섞인 무리, 이스라엘인이 아닌 사람)"이라는 말이 나오는데 이들은 이스라엘 백성과 같이 일하던 노예들로 출애굽 할 때 같이 출애굽 한 자들이다(느13:3 참조). 이들도 출애굽 하면서 이스라엘 민족에게 같이 형성이 되었고 이제 이스라엘 민족은 혈연 공동체가 아닌 중다한 잡족도 예배에 참석하는 예배 공동체를 형성한 것이다. 출애굽기 5장 역시 하나님께 예배하기 위해 애굽을 떠나야 한다는 모세의 주장으로 시작한다.

> 그 후에 모세와 아론이 바로에게 가서 이르되 이스라엘의 하나님 여호와께서 이렇게 말씀하시기를 내 백성을 보내라 그러면 그들이 광야에서 내 앞에 절기를 지킬 것이니라 하셨나이다 바로가 이르되 여호와가 누구이기에 내가 그의 목소리를 듣고 이스라엘을 보내겠느냐 나는 여호와를 알지 못하니 이스라엘을 보내지 아니하리라(출5:1-2)

모세의 처음 사명은 철저한 실패로 끝난다. 이스라엘 백성을 내보내 달라는 모세와 아론의 청은 바로의 격노를 불러일으켰고, 이스라엘이 감당해야 할 노역은 이 일 때문에 오히려 늘어났다(출5:4-9). 설상가상으로 이스라엘 백성은 더 이상 모세를 따르지 않았다. 믿고 경배하던 종전의 태도와는(출4:31) 달리 믿기는커녕 모세의 말을 들으려고도 하지 않았다. 모세는 실의에 빠지고 만다(출5:22-23).

열 가지 재앙

모세와 바로 사이에서 일어난 긴장은 급기야 유명한 열 가지 재앙 이야기로 이어진다. 출애굽 사건 이전에 있었던 애굽 전역에 걸친 열 가지 재앙은 다음과 같다.

① **모든 물이 변하여 피로 변하는 사건**(출7:14-25). 이 사건은 생명을 위협하는 '재앙'이라기 보다는 강력한 마술이라는 의미가 더 강한 듯하다. 애굽의 마술사들도 물을 피로 변하게 하곤 했다.

② **개구리**(출8:1-15). 애굽에서 개구리는 다산의 능력을 지닌 존재로 여겼다. 그래서 '헤케트'라는 개구리 모양을 신을 숭배하기도 했다. 그 개구리들이 생활 영역 곳곳에서 구역질 나는 존재로 등장하고 급기야 죽어 악취를 풍기고야 만다.

③ **이**(출8:16-18). 애굽 땅의 모든 티끌이 이가 되어 사람과 생축에게 오른다.

④ **파리**(출8:20-23). 이 네 번째 재앙부터 하나님은 이스라엘 백성이 거하는 고센 땅에는 재앙을 내리지 않으신다.

⑤ **생축의 악질**(출9:1-7). 네 번째까지의 재앙이 생활에 불편을 주는 정도에 그쳤던 데에 반해 여섯 번째 재앙부터는 애굽 인의 가축의 생명이 죽는 일로 확장된다.

⑥ **독종**(출9:9-12). 사람과 짐승의 몸에 생기는 독종이 발했다. 이 여섯 번째 재앙부터 "여호와께서 바로의 마음을 완악하게" 하셨다는 독특한 표현이 등장하기 시

작한다.

⑦ **우박**(출9:13-35). 번개와 천둥을 동반하는 우박은 하나님이 자기 백성의 적을 치시는 전형적인 표현이기도 하다(시18:12- 13; 사30:30; 수10:11 참조).

⑧ **메뚜기**(출10:1-20). 메뚜기 떼의 습격은 구약성경에 나타나는 하나님의 철저한 징벌 방법 중 하나이다(욜1장 참조).

⑨ **흑암**(출10:21-29). 단순한 밤이 지속되는 것이 아닌 '더듬을 만한 흑암(출10:21)'이라는 표현은 하나님의 심판의 날을 상기시키는 표현이다. 구약성경에서 빛이 생명 자체를 상징한다면 이와 같은 흑암은 뒤 이어지는 재앙인 죽음을 상기시킨다.

⑩ **처음 난 것들을 죽이심**(출11:1-12:30). 이 열 번째 사건으로 애굽의 모든 신들이 하나님 앞에서 무력하다는 것이 입증된다. 이 재앙 이후 바로는 아무런 조건 없이 이스라엘 모든 족속의 출애굽을 허락하고야 만다.

바로의 타협과 회유

열 가지 재앙이 진행되는 도중 그 당당하던 바로의 태도에는 많은 변화가 생긴다. 여호와를 알지 못한다던 바로가 재앙을 그치게 해달라거나 자신을 위해 기도해 달라고 부탁하기도 한다.

또한 출애굽 사건의 목적인 예배하는 공동체를 둘러싼 여러 차례의 회유가 나타난다.

> **첫 번째 회유, 이 땅에서…:** 바로가 모세와 아론을 불러 이르되 너희는 가서 이 땅에서 너희 하나님께 제사를 드리라(출8:25)

네 번째 재앙인 파리 사건 이후 바로는 첫 번째 타협을 시도한다. 이스라엘 자손으로 하여금 하나님을 섬기도록 하였다. 그러나 애굽을 벗어나는 것에는 반대하였다. 다시 말하면 "이곳 애굽에서도 너희 하나님을 섬길 수 있지 않으냐? 꼭 해야겠다면 하나님을 섬겨라. 하지만 이곳에 우리와 함께 있자"는 타협이다. 이것은 하나님을 위해 살기로 작정한 사람에게 생기는 세상에서의 첫 타협이라고 할 수 있다. 우리가 죄와 세상을 떠나지 않으면서도 하나님을 섬기며 살아갈 수 있다는 달콤한 유혹이다.

> **두 번째 회유, 너무 멀리 가지는 말라:** 바로가 이르되 내가 너희를 보내리니 너희가 너희의 하나님 여호와께 광야에서 제사를 드릴 것이나 너무 멀리 가지는 말라 그런즉 너희는 나를 위하여 기도하라(출8:28)

첫 번째 회유를 거절한 모세와 아론에게 바로는 곧바로 두 번째 타협을 제시한다. 너무 멀리 가지 말라는 것은 애굽의 구경

근처에 머물러 있으라는 것이다. 언제라도 돌아올 수 있는 거리를 말한다.

> **세 번째 회유, 너희 장정만 가서 여호와를 섬기라:** 바로가 그들에게 이르되 내가 너희와 너희의 어린아이들을 보내면 여호와가 너희와 함께함과 같으니라 그것이 너희에게는 나쁜 것이니라 그렇게 하지 말고 너희 장정만 가서 여호와를 섬기라 이것이 너희가 구하는 바니라 이에 그들이 바로 앞에서 쫓겨나니라(출10:9-11)

너희 장정만 가서 여호와를 섬기라는 말은 여자와 아이들은 남겨 두라는 말이다. 애굽에서 멀리 떨어진 광야에서 하나님께 경배하는 것은 어른들에게만 적당한 일이라고 회유한다. 우리가 살고 있는 오늘날도 이런 유혹이 얼마든지 있다. 하나님께 헌신하는 생활은 노인들에게나 적절한 일이지 젊은이들이 세상에 남아있는 것쯤은 이해해야 한다는 잘못된 생각이 만연해 있다.

> **네 번째 회유, 양과 소는 머물러 두고…:** 바로가 모세를 불러서 이르되 너희는 가서 여호와를 섬기되 너희의 양과 소는 머물러 두고 너희 어린 것들은 너희와 함께 갈지니라(출10:24)

양과 소를 남겨 두고 떠나라는 말에는 애굽 인들이 신성하게 여기는 수소와 숫양을 제물로 삼아서는 안 된다는 의미로 해석할 수도 있다. 그러나 모세는 한 치의 양보도 하지 않았다. 우리는 우리가 소유한 모든 것을 가지고 가서 주 여호와 하나님께 희생 제물을 드리겠다는 것이다. 결국 바로의 회유는 철저한 실패로 끝나고 말았다. 타협과 회유가 결렬된 이 두 사람은 서로 다시는 얼굴을 보지 않겠다는 결단으로 이어진다(출10:28-29).

우리 신앙생활의 여정 중에도 이와 같은 유혹과 타협은 늘 있어 왔고 앞으로도 그럴 것이다. 세상은 언제나 하나님의 말씀에 대한 회의와 의심으로 타협안을 제시해 온다. 그러나 잊지 말자. 신앙이란 처음부터 세상과 타협하기 위한 것이 아니다. 오히려 그 세상을 변화시키기 위한 하나님의 은혜인 것이다.

유월절

출애굽기 12장에서 우리는 하나님의 백성들이 애굽에서 보낸 마지막 밤을 맞이한다. 죽음의 천사가 애굽 전역을 지나가면서 애굽의 모든 처음 난 것은 다 죽었다. 그러나 흠 없고 1년 된 수컷 양이나 염소의 피를 집 좌우 문설주와 인방에 바른 모든 이스라엘 사람의 집에는 그 죽음의 재앙이 피해 갔다. 유월절(Passover)이라는 이름은 "넘어가다"를 뜻하는 히브리어 낱말에서 유래된 것이다. 마지막 재앙을 몰고 온 죽음의 사자가 이스라엘 백성이 발라 둔 문설주와 인방의 피를 보고 그냥 넘어갔기 때문에 붙여진 이름이다. 이 사건에서 이스라엘 백성을 죽음에서 구한 것은 어린양의 피였다. 전통적으로 이 어린양의 피는 그리스도의 대속의 피를 상징한다고 해석해 왔다.

블레셋 사람의 땅의 길 vs 홍해의 광야 길

애굽에서 가나안까지 가는 가장 가까운 길은 지중해 연안을 따라 가는 길이다. 이 지중해 연안에는 이미 주전 2,000년경부터 사람의 통행이 빈번했기에 잘 닦인 길이 있었다. 그 길이 바로 블레셋 사람의 땅의 길(the way of the land of Palestine)이다.

> 바로가 백성을 보낸 후에 블레셋 사람의 땅의 길은 가까울지라도 하나님이 그들을 그 길로 인도하지 아니하셨으니 이는 하나님이 말씀하시기를 이 백성이 전쟁을 하게 되면 마음을 돌이켜 애굽으로 돌아갈까 하셨음이라 그러므로 하나님이 홍해의 광야 길로 돌려 백성을 인도하시매…(출13:17-18)

창세기에 등장하는 아브라함은 일찍이 가나안에 처음 도착했을 때 애굽으로 잠시 내려갔다가 다시 올라온 적이 있다. 또한 애굽으로 팔려 간 요셉이나 양식을 구하기 위해 애굽으로 내려갔던 요셉의 형들이 이용했던 길 그리고 아들을 만나기 위해 애굽으로 내려갔던 야곱이 이용했던 길도 아마 이 블레셋 사람의 땅의 길이 아니었을까 추정해 보게 된다. 그러나 하나님은 출애굽하는 이스라엘 백성을 그 길로 인도하지 않으셨다. 가장 빠르고 편한 길이 블레셋 사람의 땅의 길이었지만, 하나님은 이스라엘 백성을 그 길로 인도하지 않고 홍해의 광야 길로 돌려 인도하셨다. 그 이유는 전쟁을 만나지 않도록 하기 위함이었다. 지중해 연안의 큰 길에는 애굽의 변경 수비대가 자리 잡고 있었기 때문에 그 길을 이용한다면 훈련된 정예 군대를 만나 전쟁을 치르게 될 것은 당연한 일이었다. 실제로 1970년 이스라엘 여성 고고학자 도단(T. Dothan)은 지중해 연안의 가자 지구에 대규모 애굽 수비대가 자리 잡고 있었음을 고고학적으로 발굴해 내기도 했다.

하나님이 우리를 언제나 좋은 길로 인도하시지만 언제나 우리가 바라는 빠르고 편한 길로만 인도하시는 것은 아니다. 하나님께서 우리가 원하는 길로만 이끄신다면 어쩌면 우리네 역사는 일찌감치 사라져 버리고 말았을 것이다. 하나님은 언제나 하나님의 생각대로 가장 좋은 길로 우리를 인도해 주신다는 것이 새삼 또 다른 감사의 조건으로 다가온다.

홍해가 갈라지고 광야로 들어가다

출애굽기 14장은 출애굽 사건의 절정이라 할 수 있는데 그것은 바로 홍해를 건너는 사건이다. 이스라엘 백성들이 이집트에서 벗어난 해방의 기쁨을 맛보기도 전에 앞에는 큰 바다가 놓여 있고 뒤에는 성난 이집트의 군사가 쫓아오고 있는 진퇴양난의 상황에 놓이게 된다. 더 나아가 백성들은 모세에게 애굽에 매장지가 없어 이곳까지 끌고 왔느냐고 원망한다.

그러나 이러한 위급한 상황에서 하나님은 이스라엘 사람들에게 앞으로 나갈 길을 열어 주셨다. 앞을 가로막고 있던 바다가 둘로 갈라진 것이다.

> 모세가 바다 위로 손을 내밀매 여호와께서 큰 동풍이 밤새도록 바닷물을 물러가게 하시니 물이 갈라져 바다가 마른 땅이 된지라(출14:21)

이것은 틀림없는 기적의 사건이었다. 인간적으로 볼 때 도저히 불가능한 일이었다. 그러나 하나님은 그의 능력으로 앞으로 나갈 길을 환히 열어 주셨다. 이것이 바로 구약성서가 보여 주는 하나님의 모습이다. 우리 인간들에게는 절망적인 또는 불가능해 보이는 상황에서까지도 하나님은 사랑하는 자녀들을 새로운 미래로 이끌어 주시는 하나님이시다. 이제 갈라진 바다를 무사히 건넌 이스라엘 사람들은 감격스러운 기쁨 가운데 하나님께 감사의 노래를 불렀다(출15:1-18).

시내 산 계약(Sinai Covenant)

출애굽기 19장 1절을 보면 이스라엘 사람들은 출애굽 한지 석 달 만에 시내 산에 도착하게 된다. 이 시내 산에서는 많은 일들이 벌어진다. 무엇보다도 먼저 이 시내 산에서 하나님은 모세를 통하여 이스라엘 사람들에게 십계명(The Ten Commandments)을 주셨다. 십계명은 이스라엘 사람들이 하나님의 백성답게 살아야 될 조건들을 열 마디로 요약한 것이다. 그리고 또 이곳에서 하나님은 이스라엘과 계약을 맺으신다. 그것은 이스라엘이 하나님의 백성이 된다고 하는 계약이다. 하나님은 이스라엘의 하나님이 되시겠다고 하는 약속이다. 하나님께서 이스라엘과 맺은 계약이 시내 산에서 이루어졌기 때문에 흔히 이것을 시내 산 계약이라고 부르고 있다. 시내 산 계약의 정신이 잘 나타나 있는 말씀이 출애굽기 19장에 기록되어 있다. 하나님은 이스라엘 백성들은 향해 말씀하신다.

> 너희가 내 말을 잘 듣고, 내 언약을 지키면, 너희는 열국 중에서(=많은 나라들 가운데서) 내 소유가 되겠고 너희가 내게 대하여 제사장 나라가 되고 거룩한 백성이 되리라(출 19:5-6)

이스라엘 백성이 하나님께서 주시는 말씀을 잘 듣고 순종하고, 하나님만을 섬기면, 그렇다면 이스라엘이 하나님의 소유가 되겠다는 말씀이다. 이스라엘이 하나님의 소유가 된다는 말씀은 곧 하나님의 백성이 된다는 말이다. 그리고 제사장 나라가 된다는 것은 곧 거룩한 백성이 된다는 것이다. 여기서 중요한 말씀이 몇 가지 있는데 그것은 이스라엘이 하나님 말씀(=토라)에 순종하고, 살아 나갈 때는 하나님의 백성이 되고, 거룩한 백성이 될 수 있다는 것이다.

이렇게 시내 산 계약은 하나님과의 계약의 관계를 쌍무적(雙務的)인 계약의 관계로 체결하였다. 즉 하나님은 이스라엘의 하나님(God of Israel)이 되시고, 이스라엘은 하나님의 백성(People of God)이라고 하는 쌍방의 의식적인 약속이다. 이런 쌍무적인 계약에는 계약 조건이 있기 마련이다. 시내 산 계약의 특징은 바로 이 계약조건에 있다. 그 조건이란 이스라엘이 하나님의 백성이 되기 위해서는 하나님의 백성답게 살아야 한다는 것이다. 이스라엘이 하나님의 백성다운 삶을 산다는 조건 밑에서, 하나님과 이스라엘 사이의 특별한 계약은 성립된다. 이런 면에서 시내 산 계약은 "조건적인 계약(conditional covenant)"이다.

그러면 이스라엘이 어떻게 살아가는 것이 하나님의 백성다운 삶을 살아가는 것인가? 이것은 시내 산 계약에서 중심적인 문제이다. 하나님께서 이스라엘에게 거룩한 백성으로 살아갈 길을 보여 주신 "가르침(Teaching)", 이것이 곧 "토라(Torah)"이다. 이스라엘이 하나님의 "가르침"에 따라 살아갈 때 그들은 하나님의 백성다운 삶을 사는 것이다. 토라는 넓은 의미에서 이스라엘에게 주신 "하나님의 말씀", "하나님의 명령"이라고 통틀어 할 수 있다. 이 토라의 준수가 하나님의 백성이 될 수 있는 조건이다.

이제 시내 산에서 이스라엘 사람들은 약 열 달 정도의 기간을 보낸다. 우리가 잘 아는 대로 이스라엘 사람들은 40년간 광야 생활을 했다. 이 긴 40년 동안의 광야 생활 기간 중 시내 산에서 체류한 기간은 열 달 동안, 즉 1년 남짓한 비교적 짧은 기간이었다. 그럼에도 불구하고 시내 산에서 보낸 기간은 이스라엘 역사에서 볼 때 매우 중요하다. 그 이유는 이 시내 산에서 하나님께서는 이스라엘 백성들이 하나님의 백성으로, 거룩한 백성답게 살아갈 길을 가르쳐 주셨기 때문이다. 하나님께서 이스라엘에게 주신 율법은 구약에 보면 모두 시내 산에서 주신 것으로 되어있다. 그렇기 때문에 시내 산 체류 기간이 비록 짧지만 이 기록은 출애굽기 19장부터 시작해서 레위기, 민수기10장 10절에까지 기록되어 있다.

민수기 10장 11절은 시내 광야에서 출발해서 가나안 땅을 향한 행군이 시작됨을 기록하고 있다. 약속의 땅 가나안을 향한 이스라엘의 행군이 계속되었고, 민수기 제일 마지막을 보면 이스라엘 사람들이 약속의 땅에 거의 다 도달했음을 알 수 있다. 즉 모압 평지까지 도달했다(민36:13). 이제 요단 강만 건너면 바로 가나안 땅인 것이다. 가나안 땅에 들어가기 일보 직전에 민수기는 끝나고 신명기로 이어진다. 신명기는 약속의 땅에서 이스라엘 사람들이 어떻게 살아야 할 것인가를 설명한 책으로 모세가 행한 세 번의 설교 형식으로 되어 있다.

이스라엘 최고의 예언자

신명기를 기록한 사람은 모세가 죽은 후 그에 대해 평가하기를 "그 후에는 이스라엘에 모세와 같은 선지자가 일어나지 못하였나니…(신34:10)"라고 한다. 신명기는 모세 시대의 이야기를 담고 있지만, 그 기록된 시기는 구약시대의 거의 마지막에 해당하는 남유다 왕국 멸망 이후이다. 신명기의 저자는 구약의 거의 모든 시대를 조망해 보면서 가장 위대했던 예언자로 모세를 꼽기에 주저하지 않고 있다. 그렇다면 모세를 이스라엘 역사상 최고의 예언자로 꼽는 이유는 무엇일까?

예언자(nabi, 나비)의 직분은 무엇보다도 하나님의 말씀을 "대언"하고, 하나님과 이스라엘 사이를 "중재"하는 일이다. 모세의 생애를 120년으로 볼 때, 광야 여정에서 보낸 마지막 40년은 하나님의 말씀을 전달하는 대언자의 직임과 이스라엘을 위한 중재자의 직임이 철저하게 수행되던 기간이었다. 하나님의 말씀을 전달하던 대언자로서의 모세의 모습은 파라오 앞에 서서 하나님의 말씀을 외치는 것으로 본격적으로 시작된다. 이집트의 파라오가 누구던가? 40년 전 그가 내릴 보복적 죽음이 두려워 스스로 피할 수 밖에 없었던 바로 그 장본인이 아니던가? 죽음의 공포 자체였던 바로 그 파라오 앞에 서서 하나님의 이름으로 외친다: "이스라엘의 하나님 여호와의 말씀에 '내 백성을 보내라 그들이 내 앞에서 절기를 지킬 것이니라' 하셨나이다(출8:1)." 얼마나 당당한 모습인가! 그는 이미 예전의 졸부가 아니었다.

파라오와의 대면에서부터 이미 하나님의 사람임을 보여 준 대언자로서의 모세의 모습은 이스라엘을 위한 율법 선포에서 그 절정에 달한다. 본디 율법이란 이스라엘이 이스라엘답게, 하나님의 백성이 하나님의 백성답게 살아가야 할 방편으로 제시된 것이요, 이스라엘이 당연히 따라야 할 하나님의 말씀이다. 앞서 언급했듯이, 통상 '율법'이라고 번역된 히브리어 토라의 원뜻은 이스라엘이 걸어가야 할 길, 붙들고 살아야할 가르침을 말한다. "율법대로 살면 살 것이요, 율법대로 살지 않으면 죽을 것이다" 하나님은 그 율법을 모세를 통해 주셨다. 1,100년대 가장 위대한 유대인 랍비로 꼽히는 람밤(Rambam)은 모든 유대인들이 한결같이 믿어야 할 유대교의 열 세 원칙을 말한 바 있다. 그중 여덟 번째가 "오경은 모세에게 계시되었다(The Torah was revealed to Moses)"이다. 랍비를 중심으로 한 유대인들의 정신세계에서 모세가 차지하는 비중이 얼마나 큰지를 단적으로 드러내 주는 말이다.

중재자로서의 모세의 모습은 출애굽기 32장에서 절정에 이른다. 하나님 대신 황금 송아지를 숭배한 이스라엘이 하나님의 저주를 받을 수 밖에 없게 되었을 때, 모세는 그들을 위해 자신의 생명을 담보로 하는 기도를 드린다.

> 이제 그들의 죄를 사하시옵소서 그렇지 않사오면 원컨대 주의 기록하신 책에서 내 이름을 지워 버려 주옵소서(출 32:32)

사람이 하나님의 사람이 되면 이렇게도 변할 수 있는가 보다. 일찍이 그는 애굽 사람을 죽이고, 보복당할 죽음이 두려워서 애굽을 도망쳐 나왔던 사람이 아니던가? 예언자의 직분을 감당하던 40년 기간이 모세를 새로운 모습으로 바꾸어 놓았다. 다시 말하건대 '출애굽'이라는 역사의 현장이 일개 졸부였던 모세를 민족의 영도자로 바꾸어 놓았다. 죽음이 두려워 떨며 도망쳤던 모세가 이제 자기 잘못도 아닌 남의 잘못을 두고 하나님께 용서를 빈다. 동족이 받을 징벌을 대신 받는 지도자의 속량적 고난을 위해 빈다. 그건 지도자가 보여 줄 수 있던 최고의 중재기도였다.

모세의 최후를 담고 있는 신명기 34장은 "하나님이 아브라함과 이삭과 야곱에게 맹세하여 그 후손에게 주기로 한 땅"을 눈으로 바라보며 "네 눈으로 보게 하였거니와 그리로 건너가지 못하리라"고 하시는 냉정하신 하나님의 말씀에 "여호와의 말씀대로" 모압 땅에서 죽어 장사 되는 모세의 모습을 그려 준다.

> 여호와께서 그에게 이르시되 이는 내가 아브라함과 이삭과 야곱에게 맹세하여 그 후손에게 주리라 한 땅이라 내가 네 눈으로 보게 하였거니와 너는 그리로 건너가지 못하리라 하시매 이에 여호와의 종 모세가 여호와의 말씀대로 모압 땅에서 죽어 벧브올 맞은 편 모압 땅에 있는 골짜기에 장사되었고 오늘까지 그 묘를 아는 자 없으니라(신 34:4-6)

동족 이스라엘을 위해 하나님과 파라오 앞에서 죽음을 두려워하지 않던 모세, 민족을 위해 대신 고난 받겠다던 모세, 구약시대 이스라엘의 생명과도 같았던 율법을 선포하고 40년 동안이나 민족을 이끌었던 모세, 그러나 정작 그 땅을 강 건너 눈앞으로 바라보면서는 굳이 가나안에 들어가겠다고 고집부리지 않고 "하나님의 말씀이기에" 모압 땅에 묻힐 수 있던 모세. 그가 신명기 기자에 의해 최고의 예언자라는 평을 받는 이유는 바로 여기에 있는가 보다. 그는 분명 이스라엘 백성의 뿌리경험(root experience)이 되는 출애굽 사건과 함께 민족의 영도자, 가장 훌륭했던 예언자라 칭함 받기에 충분했다.

3

구약 역사서의 리더들

1. 여호수아와 사사들
2. 버림받은 왕, 사울
3. 하나님이 인정한 중심, 다윗
4. 솔로몬과 왕국의 분열
5. 종교개혁의 주인공들

1

여호수아와 사사들

구약성서가 말하는 이스라엘의 역사서에는 신명기 역사서(Deuteronomistic History)와 역대기 역사서(Chronicler's History)라는 두 종류의 역사 기록이 있다. 그중 신명기 역사서란 이스라엘 민족이 가나안에 들어가서 땅을 차지하고 그 땅에서 하나님이 직접 치리하시는 사사시대를 거쳐 왕국의 형성과 분열을 경험하고 급기야는 멸망하여 하나님이 주신 땅에서 쫓겨나기까지의 역사를 담고 있는 역사서로 여호수아, 사사기, 사무엘상하, 열왕기상하까지의 여섯 권의 책을 말한다. 이 책들을 신명기 역사서라고 부르는 것은 여기에 나타나는 신학적 입장이 바로 앞서 등장하는 책인 신명기에 근거하고 있기 때문이다. 예컨대 신명기에 나타난 중요한 신학적 주제, 즉 한분 하나님을 섬기는 유일신 신앙(monotheism)과 이스라엘 신앙의 순수성에 대한 강조(신6:4-9), 예배 장소의 단일화(centralization of worship)의 원칙(신12:10-11, 예루살렘), 사랑과 정의의 공동체로서의 이스라엘(신10:17-18) 등은 이 역사서를 해석하는 중요한 열쇠이다. 특히 신앙의 순수성을 강조하여 토라에 대한 순종은 축복을, 불순종은 징벌을 가져온다는 신명기의 공식(신28)은 신명기 역사서를 해석하는 중요한 열쇠가 되고 있다.

여호와의 종 모세가 죽은 후에

이스라엘 백성은 모세를 따라 가나안으로의 출애굽을 시작했지만, 이제 모세가 아닌 여호수아의 영도 밑에서 하나님께서 약속해 주신 그 가나안 땅으로 들어간다. 여호수아서의 첫 말씀, 즉 신명기 역사서의 시작은 여호수아에게 주는 하나님의 명령으로 시작된다.

> 여호와의 종 모세가 죽은 후에 여호와께서 모세의 수종자 눈의 아들 여호수아에게 말씀하여 이르시되 내 종 모세가 죽었으니 이제 너는 이 모든 백성과 더불어 일어나 이 요단을 건너 내가 그들 곧 이스라엘 자손에게 주는 그 땅으로 가라(수1:1-2)

여호수아를 선택한 이는 모세가 아니었다. 자기 백성 이스라엘을 이집트 땅에서 인도해 내기 위해 일찍이 모세를 선택하셨던 하나님이 이제 여호수아를 새로운 역사를 써 내려갈 첫 주인공으로 선택하신 것이다. 예전에 모세는 이스라엘을 이집트 땅에서 이끌어 내어야 한다는 하나님의 부르심에 거절하기라도 했지만(출3-4), 여호수아서에는 그와 같이 거절하는 내용은 나타나지 않는다. 다만 전무후무한 민족의 지도자 모세의 뒤를 이어 백성을 이끌어야 한다는 것은 분명 젊은 여호수아에게 큰 부담으로 다가왔음을 짐작할 수는 있다. 여호수아 1장이 두려워 말고 강하고 담대하라는 하나님의 말씀(수1:1-9)과 백성의 위로(수1:16-18)로 가득 차 있는 것을 보면 말이다.

여호수아는 이스라엘 백성이 요단 강을 건너서 가나안 땅으로 들어가기 전에 먼저 두 사람의 정탐꾼을 보낸다. 정탐꾼들이 정탐을 마친 후, 여호수아는 당시 이스라엘 백성과 함께하는 "하나님 임재의 상징"이던 법궤를 앞세우고 요단 강을 건넌다. 법궤를 맨 제사장들의 발이 요단 강물에 닿자마자 위로부터 흐르던 강물이 흐르기를 중단하고, 강물은 둘로 갈라졌고, 백성이 모두 강을 건너고 난 다음에 법궤를 맨 제사장들도 요단 강을 건너온다. 제사장들의 발이 육지를 다시 밟는 순간 요단 강물은 다시 흐르기 시작했다. 마치 모세가 하나님의 지팡이를 들고 손을 바다 위로 내밀어 홍해를 가르게 했던 것처럼(출14), 우기(雨期)로 인해 인덕까지 넘치던 요단 강은 여호수아와 이스라엘 백성에게 그 길을 내어 주었고, 백성이 홍해를 건넌 후 홍해의 물이 다시 모였던 것처럼, 갈라졌던 요단 강도 다시 하나가 되었다. 홍해에서 물이 물러갔던 그 기적이 여호수아에게서 다시 되풀이되었던 것이다.

약속을 지키시는 하나님

여호수아서에 나타나는 땅 정복 이야기에서 놓쳐서는 안되는 또 한 가지 중요한 사실은 이스라엘 사람들이 가나안 땅을 점령한 것은 하나님께서 아브라함과 이삭과 야곱, 이스라엘의 신앙의 조상들에게 약속해 주신 말씀을 실현시켜 주신 것이라는 점이다. 하나님은 이스라엘 신앙의 조상들에게 가나안 땅을 주시겠다고 여러 번 약속하셨다. 그래서 출애굽 하는 이스라엘 백성의 목적지는 가나안 땅, 즉 약속의 땅이었다. 가나안 땅에 대한 하나님의 약속이 여호수아 시대에 와서 비로소 실현된 것이다. 그래서 이스라엘이 가나안을 정복하고 각 지파가 그 땅을 분배한 다음에 결론적으로 이런 말씀이 기록되어 있다.

> 여호와께서 이스라엘의 조상들에게 맹세하사 주리라 하신 온 땅을 이와 같이 이스라엘 자손에게 다 주셨으므로 그들이 그것을 차지하여 거기에 거주하였으니… 여호와께서 이스라엘 족속에게 말씀하신 선한 말씀이 하나도 남음이 없이 다 응하였더라(수21:43,45)

일찍이 아브라함에게 처음 주셨던 "땅의 약속"이 이렇게 이루어지기까지 무려 수백 년의 세월이 걸렸다. 비록 오랜 시간이 걸렸으나 하나님은 자신의 약속을 잊지 않고 계셨다. 그리고 마침내 그 약속을 실현시켜 주신 것이다. "땅의 약속"이라는 관점에서 볼 때, 창세기로부터 여호수아는 '약속'과 '성취'의 관계로 연결되어 있다. 바로 이런 관계 때문에 일찍이 폰라드(von Rad)라는 구약학자는 오경(Pentateuch)이 아닌 창세기에서 여호수아까지 이어지는 육경(Hexateuch)설을 주장하기도 했던 것이다.

"너희" 하나님과 "우리" 하나님

여호수아서를 크게 둘로 구분하면 요단 강 서쪽 지역의 땅을 정복하는 이야기(수1-12장)와 정복한 땅을 지파들에게 분배하는 이야기(수13-22장)로 나눌 수 있다. 그 다음에 이어지는 마지막 부분인 여호수아 23-24장은 여호수아의 고별사이다. 유언의 성격을 띠는 이 고별사는 장로와 수령들, 재판장들, 관리들이 들었던 말씀이지만 사실은 온 이스라엘을 대상으로 남긴 말씀이다(수23:1-2). 그중 한 구절을 보자.

> 너희의 하나님 여호와께서 너희를 위하여 이 모든 나라에 행하신 일을 너희가 다 보았거니와 너희의 하나님 여호와 그는 너희를 위하여 싸우신 이시니라(수23:3)

여기서 여호수아는 하나님을 소개할 때에 그냥 "하나님"이라고 말하지 않고 수식어 "너희"를 강조하고 있다. 이와 같은 표현은, 우리말 성경으로 볼 때, 여호수아 23장에 무려 13회나 사용하고 있으며(3[2회], 5[2회], 8, 10, 11, 13[2회], 14, 15[2회], 16), 하나님을 수반하지 않는 "너희"라는 표현 또한 23장에 30회 이상, 24장에 40회 이상이나 사용하고 있다. 무슨 이유에서 여호수아는 평범한 "너희"라는 대명사를 이렇게 강조하고 있는 것일까? 그 이유는 바로 신앙고백에 있다. 이스라엘 백성이 가나안 땅으로 들어가는 것은 전적으로 하나님의 인도하심 때문이라는 것을 잊지 말라는 것이다. 그리고 가나안 땅에 들어가서 살 때에 수많은 이방 신들과의 접촉과 그들로부터의 유혹이 있을 것인데, 여호와 하나님 그분만이 바로 "너희의 하나님"이심을 잊지 말라는 것이다.

이 말씀이 여호수아의 유언인 것을 잊지 말아야 할 필요가 있다. 나이 많아 이제 곧 숨이 넘어갈 순간에 이르러 여호수아는 하나님에 대한 백성의 고백을 듣고 싶었던 것이다. 그런 여호수아의 절절한 마음을 읽었기 때문이었을까? 여호수아 24장에는 백성들의 입으로 고백하는 세 번의 "우리 하나님(17, 18, 24)"과 열 번 이상의 "우리"라는 표현이 등장한다.

> 백성이 대답하여 이르되 우리가 결단코 여호와를 버리고 다른 신들을 섬기지 아니하오리니 이는 우리 하나님 여호와께서 친히 우리와 우리 조상들을 인도하여…. 그러므로 우리도 여호와를 섬기리니 그는 우리 하나님이심이니이다 하니라… 우리 하나님 여호와를 우리가 섬기고 그의 목소리를 우리가 청종하리이다 하는지라(수24:16-18,24)

드디어 백성들의 입에서 하나님에 대한 고백이 등장한다. 하나님 그분은 바로 "우리 하나님"이시라고! 이 고백을 듣는 순간 여호수아의 마음이 얼마나 감격에 겨웠을까를 생각해 본다. 모세의 수종자로 생애를 시작했던 여호수아는 바로 신앙고백의 사건이 있은 후에 110세의 일기로 눈을 감는다.

모세처럼 하나님의 종으로 사명을 감당할 때에 두려워 떨었던 여호수아, 모세가 가나안 땅에 정탐꾼들을 보냈던 것처럼 여리고 성에 정탐꾼을 보냈던 여호수아, 모세가 이스라엘을 이끌고 홍해를 건넜던 것처럼 법궤를 앞세우고 요단 강을 건넜던 여호수아, 모세가 시내 산과 모압 평지에서 율법을 선포하고 설명했던 것처럼 축복과 저주의 산에서 율법을 선포했던 여호수아, 일찍이 하나님의 마지막 명령에 순종하면서 모압 땅에서 쓸쓸히 죽어 간 모세에 대하여 "여호와의 종"이라고 묘사했던 것처럼(신34:5), 신명기 역사서는 죽음을 맞이하는 또 다른 모세인 여호수아 역시 "여호와의 종"으로 표현하고 있다(수24:29). 그렇게 또 하나의 모세였던 여호수아는 모세에게서 시작된 출애굽 역사를 마무리하며 새롭게 시작되는 신명기 역사서의 시작점에 우뚝 서 있다.

여호와의 종 여호수아가 죽은 후에

모세처럼 여호와의 종으로 살았던 여호수아도 죽었다. 여호수아서의 마지막에 등장하는 이스라엘 백성의 고백, 즉 하나님을 "우리 하나님"으로 섬기며 살겠노라던 이스라엘 백성의 고백은 진심이었고, 그들은 약속을 지켰다(수24:31). 그러나 안타깝게도 그들의 신실한 신앙은 오래가지 못하였다. 불행하게도 여호수아가 죽은 이후 가나안 땅에서의 이스라엘 백성의 삶은 우상숭배로 인한 혼란과 암흑으로 빠져들게 된다. 그 시대가 바로 사사 시대이다. 약속의 땅에서의 생활이 시작된 이 시기는 주전 1,200년경이 된다. 사사기는 이스라엘 백성이 약속의 땅에 들어간 이때부터 이스라엘에 왕정이 출현하기 전까지 약 200년간에 이르는 역사를 기록한 것이다.

사사 시대는 아직 이스라엘에 왕이 없던 시대였기 때문에 이스라엘의 열두 지파는 어떤 정치력에 의해서 하나로 뭉친 것은 아니었다. 이 시대에 이스라엘 열두 지파를 하나로 뭉치고 결속시켜 주는 띠는 오직 한 하나님을 믿는 그들의 공통된 신앙뿐이었다. 그리고 그들 신앙의 구심점에는 아카시아 나무로 만든 나무 상자인 법궤가 자리 잡고 있었다. 이 법궤가 중요한 것은 이것은 하나님이 이스라엘 백성과 함께한다는 상징이었기 때문이다.

왕이 없던 이 시대에 사사들이 이스라엘의 지도자 역할을 할 수 있었던 것은 하나님께서 필요로 할 때 특별한 능력을 부으셔서 이스라엘의 지도자로 삼으셨기 때문이다. 하나님께서 주신 능력으로 세워진 지도자들이기에 이들을 카리스마적 지도자라고 한다. 이러한 카리스마적 지도자인 사사들의 특징은 직분이 혈통적으로 계승될 수 없다는 데 있다. 아버지가 사사였다고 아들이 사사가 될 수는 없었다. 사사의 직분은 그 당대로 끝나는 것이었다.

대사사와 소사사

흔히들 사사기에 등장하는 열두 명의 사사를 대사사와 소사사로 구분한다. 대사사란 옷니엘(삿3:7-11), 에훗(삿3:12-30), 드보라(삿4-5장), 기드온(삿6-8장), 입다(삿10:6-12:7), 삼손(삿13- 16장)처럼 전쟁의 와중에 이스라엘을 군사적 위협으로부터 구원한 전쟁 영웅을 가리킨다. 왕과 같은 정치권력이 없었다는 것은 동시에 정규적인 군대가 없었음을 뜻한다. 이 시대에 이스라엘을 위협하는 어떠한 적이 나타나면 열두 지파는 그 적을 공동의 적으로 간주하고 각각 민병들이 나와서 전쟁 영웅을 중심으로 그 공동의 적을 막아내곤 하였다. 사사기 안에서 이들 전쟁영웅들에 대한 기록은 상대적으로 많은 분량을 차지한다. 이들을 대사사라고 분류하는 것도 사사기 안에서 이들에 대한 언급이 많이 등장하고 있기 때문이다. 그러나 이와 같은 대소의 구분이 언제나 정확히 일치하는 것은 아니다. 예를 들어 삼갈이라는 사사는 전쟁의 상황에서 이스라엘을 구원하였으나 그에 대한 언급은 단 한 절에 불과하기 때문이다(삿3:31).

이에 비해 소사사란 삼갈(삿3:31), 돌라(삿10:1-2), 야일(삿10:3-5), 입산, 엘론, 압돈(삿12:8-15) 등 대사사에 비해 그 언급이 현저히 적은 이들을 가리킨다. 이들은 전쟁 상황보다는 주로 평시에 재판관의 역할을 감당했고, 오늘날 구약학자들은 소사사는 어느 한 지파만의 지도자였을 가능성도 제기하고 있다.

중요한 것은 사사기와 사사 시대가 구약의 다른 역사서와 마찬가지로, 단순한 과거의 기록을 말하는 것이 아니라, 과거 역사를 통하여 현재를 위한 '역사의 교훈'을 전달하려는 목적이 있다. 이 역사의 교훈은 사사기에 나타나는 네 단계의 순환적 역사(이스라엘의 범죄-하나님의 징벌-이스라엘의 회개-하나님의 구원)를 통해 잘 드러난다. 이와 같은 구조는 뒤 이어지는 대사사들의 이야기들 대부분에 그대로 나타난다. 사사 시대의 역사는 이와 같은 네 단계의 역사가 끊임없이 순환되던 시대였다. 그리고 사사기에 나타나는 이러한 순환 역사는 하나님의 말씀에 순종하면 복과 생명을, 불순종하면 저주와 화가 미치리라는 신명기의 사상(신28장 참조)에 회개와 구원이라는 요소가 첨가된 것이라 할 수 있다.

왕을 거부한 사사, 왕이 되고 싶어한 아들

이스라엘에 아직 왕이라는 존재가 등장하기 이전인 사사 시대에 왕으로 등장하는 사람이 하나 있다! 아비멜렉이라는 사람이다. "세겜의 모든 사람과 밀로 모든 족속이 모여서 세겜에 있는 상수리나무 기둥 곁에서 아비멜렉을 왕으로 삼으니라(삿9:6)." 아비멜렉이 누구인가? 대사사 기드온의 아들이다. 일찍이 정예 군대 300명을 이끌고 미디안과 아말렉 족속의 대군을 물리친 기드온에게 이스라엘 백성은 그들의 왕이 될 것을 요청한 바 있다.

그 때에 이스라엘 사람들이 기드온에게 이르되 당신이 우리를 미디안의 손에서 구원하셨으니 당신과 당신의 아들과 당신의 손자가 우리를 다스리소서 하는지라 기드온이 그들에게 이르되 내가 너희를 다스리지 아니하겠고 나의 아들도 너희를 다스리지 아니하리라 하니라(삿8:22-23)

이스라엘 백성은 분명 세습적 통치가 가능한 왕이 되어 달라는 요청을 한다. 히브리어 "다스리다(mashal, 마샬)"는 왕의 통치를 의미하는 단어이다. 당시 이스라엘 온 백성의 시선과 관심은 오직 한 사람 기드온에게 집중되어 있었고, 기드온의 인기는 절정에 달해 있었던 것이다. 그는 분명 백성의 슈퍼스타였다.

그러나 이에 대한 기드온의 대답은 단호했다. "나와 내 아들들이 너희를 다스리지 아니할 것이고(=왕이 되지 아니할 것이다) 여호와께서 너희를 다스릴 것이다(=여호와께서 너희의 왕이시다)!" 이는 실로 놀라운 대답이 아닐 수 없다. 어느 시대에나 왕이 되고 싶어서, 백성을 다스리고 싶어서 안달하는 사람이 많은데, 온 백성의 신망과 인기를 한 몸에 받고 있으면서도 왕이 되지 않겠노라고, 아니 왕이 될 수 없다는 기드온의 대답을 들어 보라. 자기가 세운 공로는 하나님이 힘과 지혜와 용기를 주셨기 때문임을 알았기 때문이다. 자신이 한 것이 아니라 하나님이 다 하셨기 때문에 하나님께 영광을 돌려야 하고, 하나님의 다스리심을 받는 것이 마땅하다는 것이다. 기드온은 다시 초야로 돌아가서 평범하게 삶을 살다가 70명의 아들을 낳고 죽는다(삿8:31).

그런데 기드온이 죽고, 이 70명의 아들 중에 아비멜렉이라는 서자가 일어나 기드온의 위대한 교훈을 무시하고 왕이 되려는 야심을 품었다. 아버지가 왕위를 거절한 것이 속이 상했을 것이다. 넝쿨째 굴러 들어온 호박을 걷어찼다고 생각했을 것이다. 그는 자기 형제 70명을 한 반석 위에 불러 모으고 도륙해 죽이는 끔찍한 일을 저지르고 말았다. 왕이 되고 싶었던 아비멜렉이 자신의 형제들을 경쟁 상대로 보았기 때문이다. 앞서 언급한 사사기 9장 6절은 그때의 상황을 말하는 것이다.

그 도륙 사건에서 기드온의 아들 중 유일하게 살아남은 요담의 우화(삿9:7-15)는 왕으로 군림하는 아비멜렉의 치리가 얼마나 위험한 일인지를 잘 보여 준다. 가시나무에서 불이 나와 레바논의 백향목을 사르리라(삿9:15)는 우려는 아비멜렉에게서 불이 나와 그를 왕으로 세운 세겜 사람들과 밀로 사람들을 사를 것이라는 뜻이었다(삿9:20). 실제로 아비멜렉은 세겜 망대에 있는 남녀 천여 명을 보루에 불을 질러 살라 죽이고야 말았다(삿9:49). 그러나 스스로 왕이 되고 싶어 했던, 그래서 자기 형제들과 백성을 도륙했던 아비멜렉의 치리는 단기간으로 끝나고야 만다. 자신이 백성을 죽였던 바로 그 망대 밑에서 한 여인이 던진 맷돌 위짝에 맞아 두개골이 깨지고 함께 한 청년이 찌른 칼로 죽고야 만다(삿9:53-56).

사사 시대는 정말 왕이 없던 시대였는가?

사사 시대의 특징은 무엇보다도 "이스라엘에 왕이 없으므로 사람이 각각 그 소견에 옳은대로 행하였던" 시대였다(삿17:6; 18:1; 19:1; 21:25). 히브리어로 왕을 멜렉(melek)이라고 한다. 사사 시대에 멜렉이라는 이름을 가지고 있는 사람 둘이 있다. 앞서 언급한 아비멜렉(아비+멜렉=내 아버지는 왕이시다)과 나오미의 남편 엘리멜렉(엘리+멜렉=내 하나님은 왕이시다). 이와 같은 이름이 등장하는 것은 결코 우연이 아니다. 이제 곧 사사의 시대가 끝나고 이스라엘에 왕정이 들어섬을 암시하고 있는 것이다. 그러나 한 가지 생각해 볼 문제가 있다. 사사 시대는 이스라엘에 정말 왕이 없었던 것일까? 아니다. 이스라엘의 하나님은 사사 시대에도 이스라엘의 왕으로 치리하고 계셨다. 이미 이스라엘 백성은 일찍부터 하나님을 그들의 왕으로 인정하고 있었다.

> 그들의 하나님이 그들과 함께 계시니 왕을 부르는 소리가 그 중에 있도다(민23:21)
> 너희의 하나님 여호와께서는 너희의 왕이 되심에도 불구하고 너희가 내게 이르기를 아니라 우리를 다스릴 왕이 있어야 하겠다 하였노라(삼상12:12)

사사 시대 이스라엘에는 단지 이방 나라들처럼 눈으로 보이는(visible) 이 땅의 왕(earthly king)이 없었을 뿐이다. 눈에 보이시 않는(invisible) 하나님은 세상의 그 어떤 왕과 비교되지 않는 전능하신 하늘의 왕(heavenly king)이셨다. 그 하나님은 언제나 이스라엘의 왕이셨고, 지금도 우리 삶 속에 왕으로 치리하고 계신다. 단지 우리 눈으로 확인할 수 없다고 해서 "내 소견에 옳은대로 행하는" 왕 없는 백성으로 살아가는 것은 지극히 어리석은 일이다. 하나님 그분을 내 삶의 왕으로 인정하고 살아간다면 우리가 살아가는 삶의 자세도 분명 많이 달라져야만 할 것이다. 세상의 그 어떤 백성들보다 당당하고 자신 있게 그리고 신실하게 살아갈 수 있는 이유는 하나님이 바로 우리의 왕이시기 때문이다.

2

버림받은 왕, 사울

블레셋의 출현

주전 13세기 후반, 모세의 뒤를 이은 여호수아는 이스라엘 백성을 이끌고 약속의 땅 가나안을 정복하고 정착한다. 이와 거의 같은 시대에 가나안의 해안 지역에는 블레셋(Philistines)이라 불리는 일단의 해양 민족이 상륙하였다. 자연히 이스라엘과 블레셋 사이에는 크고 작은 충돌들이 일어날 수밖에 없었다. 블레셋 사람들은 이스라엘보다 그 문명이 앞서 있었고, 특히 그들은 가나안에서 철기시대의 문을 열었다. 철로 창이나 칼 같은 무기를 만들었고, 철 병거까지 가지고 있었다. 눈에 보이는 인간 왕이 없던 이스라엘의 사사 시대라는 체계가 큰 위협을 받게 된 것이다. 사무엘상 13장은 이러한 블레셋에 맞서는 이스라엘의 열악한 상황을 잘 드러내 보여 준다.

> 그때에 이스라엘 온 땅에 철공이 없었으니 이는 블레셋 사람들이 말하기를 히브리 사람이 칼이나 창을 만들까 두렵다 하였음이라(삼상13:19)
> 싸우는 날에 사울과 요나단과 함께 한 백성의 손에는 칼이나 창이 없고 오직 사울과 그의 아들 요나단에게만 있었더라(삼상13:22)

블레셋과 이스라엘 사이의 첫 전투가 일어난 곳은 아벡이다. 이 아벡 전투에서 이스라엘은 크게 패했다. 이스라엘 사람들은 이 전쟁에서 왜 패배하게 되었느냐 하는 원인 분석을 하고 토의했다. 그 결과 하나님께서 이스라엘과 함께 싸워 주시지 않았기 때문에 이스라엘이 졌다는 결론에 도달했다. 그래서 이스라엘 사람들은 급히 실로라는 곳에 가서 그곳에 있는 법궤를 전쟁터로 가지고 나왔다. 당시 실로는 이스라엘의 종교 중심지였고, 그곳의 제사장은 엘리였다. 이스라엘 사람들은 법궤가 그들 진영으로 들어오는 것을 보고서는 환호성을 울리며 기뻐했다. 법궤는 하나님이 이스라엘과 함께하신다는 임재의 상징이었기 때문이다. 사기가 오를 대로 오른 이스라엘은 법궤를 앞세우고 나가서 다시 블레셋 사람들과 싸웠다. 그러나 이스라엘 사람들은 다시 패배한다. 뿐만 아니라 놀랍게도 법궤까지도 블레셋 사람들에게 빼앗기고 만다. 법궤를 빼앗겼다는 것은 이스라엘 사람들에게는 너무도 충격적인 일이었다. 얼마나 충격적이었느냐 하는 것은 엘리 제사장의 죽음을 통해 잘 알 수 있다. 이 소식을 듣고 실로의 제사장이었던 엘리는 충격을 받아 의자에서 넘어져서 목이 부러져 죽었다(삼상4:17-18).

왕을 세워 달라는 요청

이제 이스라엘 사람들은 법궤까지 블레셋에게 빼앗기고 이 블레셋 사람들의 진격 앞에 대책을 강구하지 않으면 안 되었다. 가만히 있다가는 이스라엘이 블레셋에게 정복당할 수밖에 없는 형편이 된 것이다. 그래서 이스라엘 사람들은 그 당시 사사였던 사무엘 앞에 모두 모여 왕을 세워 달라고 요청한다: "다른 나라들처럼 우리에게도 왕을 세워서 우리를 다스리게 하여 주십시오(삼상8:5)" 이스라엘 백성이 사무엘에게 왕을 세워 달라고 요청한 것은 왕이 이제 나와서 이스라엘 열두 지파가 하나의 국가로서 정치 체제를 갖추고 또 정규군대도 만들어서 강력하게 대처하지 않을 것 같으면 이스라엘이 블레셋을 막아 낼 수 없다고 하는 현실적인 필요에 나온 것이었다.

이러한 백성들의 요청을 들었을 때 사무엘은 그 요청을 좋지 않게 생각했다. 그 이유는 이스라엘의 왕은 하나님이시라는 신앙 가운데서 이스라엘이 지금까지 지내 왔기 때문이다. 후에 사울이 이스라엘의 왕이 된 후에도 그들의 왕 선출에 대한 비판은 이어진다.

> 우리에게 왕을 주어 우리를 다스리게 하라 했을 때에 사무엘이 그것을 기뻐하지 아니하여…(삼상8:6)
> 하나님 여호와께서는 너희의 왕이 되심에도 불구하고 너희가 내게 이르기를 아니라 우리를 다스릴 왕이 있어야 하겠다 하였도다(삼상12:12)

왕으로 세움 받는 사울

하나님 편에서 볼 때, 인간 왕을 세워 달라는 백성의 요구는 분명 반역이다. 이 반역은 출애굽 이후 이스라엘 백성이 줄곧 자행해 왔던 하나님에 대한 반역의 연속선 상에 있으며, 그 정점을 치닫는 행위였다. 하나님도 이를 아셨다. 이스라엘 백성이 "나를 버려 자기들의 왕이 되지 못하게 함이니라(삼상8:7)" 하시는 하나님의 말씀은 배신당한 하나님의 아픈 마음을 말해 준다. 배신당한 하나님이 자신을 대신해서 이스라엘을 치리할 왕으로 기름부음 받게 한 이는 바로 사울이었다. 사무엘 상권은 이스라엘이 사사시대로부터 어떻게 해서 이스라엘의 왕이 등장하게 되었느냐 하는 것을 설명해 주면서, 이스라엘의 첫 번째 왕이었던 사울에 대해 비교적 자세한 기록을 담고 있다.

하나님은 이스라엘에서 가장 괜찮은(?) 사람을 왕으로 뽑으셨다. 이스라엘이 하나님 보시기에 싫어하시는 고집을 피운다고 아무 사람이나 왕으로 뽑아 주신 것이 아니라 당시 이스라엘 모든 지파 중에 가장 훌륭하다고 인정되는 사울을 왕으로 세워 주셨다. 사무엘상 9장을 보면 사울이 왕으로 선출될 당시의 용모와 인품, 신앙에 대해 비교적 자세히 알려 주고 있다. 그는 베냐민 지파 사람으로 준수한 용모에 큰 키를 지니고 있었다.

> 기스에게 아들이 있으니 그의 이름은 사울이요 준수한 소년이라 이스라엘 자손 중에 그보다 더 준수한 자가 없고 키는 모든 백성보다 어깨 위만큼 더 컸더라(삼상9:2)

요즘 유행하는 표현을 빌리자면, 사울은 '얼짱'에 '몸짱'으로 통하던 사람이었다. 뿐만 아니라 사무엘상 9장에 나타나는 사울에 대한 묘사는 그를 인간적으로 거의 아무런 흠이 없는 완전한 사람으로 보이게끔 한다. 아버지가 잃어버린 암나귀를 찾기 위해 여러 땅을 두루 살피다가 혹시 자기 때문에 걱정하실 아버지를 생각하던 효심 깊은 사람이었다(삼상9:3-5). 자기 몸종에 불과한 사환도 존중하며 그 말을 경청할 줄 알던 사람이었고, 하나님의 종 사무엘을 만나러 가기 전에 정성스러운 준비를 하고자 했던 신앙의 사람이기도 했다(삼상9:6-7). 그리고 무엇보다도 사울이 지녔던 최고의 덕목은 겸손이었다. 하나님이 자신을 왕으로 택하셨다는 사무엘의 말에 "나는 이스라엘 지파의 가장 작은 지파 사람"이라며, 짐 보따리 뒤로 숨어 버리기까지 한다(삼상10:22). 왕정으로의 전환을 싫어했던 사무엘마저 사울의 이런 품성을 보고 기뻐했을 정도였다. 사울이 이스라엘의 왕이 되는 것을 못마땅해 하던 이들도 있었다. 사울이 암몬 사람들과의 싸움에서 승리한 후 백성이 그들을 붙잡아 죽이려 할 때에 사울은 하나님께서 이스라엘에게 구원을 베푸신 날에 사람을 죽이지 못하게 했던 것(삼상10:27; 11:12-13)으로 보아 그의 품성은 분명 자신의 대적자들까지도 감싸 안을 만큼 그 도량이 깊었던 사람이었다. 그렇게 하나님과 사무엘 그리고 백성들 모두에게 인정받은 사울은 불혹의 나이 40세에 이스라엘의 첫 왕으로 등극하게 된다.

순종(shama)이 제사보다 낫다

그러나 사울의 겸손은 그리 오래가지 못했다. 겸손했던 사울이 변질되기 시작했다. 왕위에 오른지 얼마 지나지 않아 사울은 예전에 지녔던 아름다운 품성을 상실하기 시작하고, 몇 가지 실수를 한다. 그 중 하나는 블레셋과의 전쟁을 준비하던 중에 제사장 사무엘을 기다리지 못하고 임의로 제사를 집행했던 일이다(삼상13:8- 9). 이 일이 이스라엘 신앙의 질서를 무너뜨리는 일이 되고야 말았다. 사울이 저지른 또 다른 실수 하나는 아말렉과의 싸움에서 대승을 거둔 후, 하나님의 명령대로 아말렉 사람들과 그 소유물들을 진멸시키지 않고, 일부 가치 있는 전리품들을 남기어 숨겼던 일이다. 이 사실을 안 사무엘이 질책하자, 사울은 하나님께 제사 드리기 위해 남겨 두었다고 둘러대면서 그 책임 또한 자신에게 있지 않고 무리가 저지른 일이라고 발뺌을 한다. 한 나라의 왕이 둘러대는 치졸한 변명에 사무엘은 대노한다.

> 사무엘이 이르되 여호와께서 번제와 다른 제사를 그의 목소리를 청종(shama)하는 것을 좋아하심 같이 좋아하시겠나이까 순종(shama)이 제사보다 낫고 듣는 것(shama)이 숫양의 기름보다 나으니(삼상15:22)

사무엘의 질책 중에 등장하는 '청종'과 '순종' 그리고 '듣는 것'에 해당하는 히브리어는 모두 '샤마(shama)'이다. 샤마의 기본적인 의미는 (하나님의 말씀을) '듣는 것(hearing)'이지만, 한 걸음 더 나아가서 그 들은 말씀대로 '순종(obeying)'하며 살아가는 것, 즉 '듣고 순종(청종, 聽從)'하는 것까지를 의미한다. 우리가 진정한 의미에서 하나님의 말씀으로써의 설교를 듣는다는 것 또한 단순히 듣고 마음에 감동을 받았다는 것으로 그치는 것이 아니라 예배당 문을 나서 세상에 다시 발을 디디면서, 주신 말씀을 기억하며 순종하며 살아간다는 것이 아닐까. 참으로 무서운 것은 만약 우리가 하나님의 말씀을 듣고 순종하지 못한다면 하나님도 우리를 버리신다는 짐이다.

> 왕이 여호와의 말씀을 버렸으므로 여호와께서 왕을 버려 이스라엘 왕이 되지 못하게 하셨나이다(삼상15:23; 15:26)

급기야 사울을 이스라엘 왕으로 세우신 하나님이 그를 왕으로 세운 것을 후회하시고 버리셨다! 한때나마 사울을 좋아하고 그를 위해 축복하던 사무엘은 사울로 인해 슬퍼하고 죽는 날까지 다시 가서 그를 보지 않았다(삼하15:35).

변하지 말아야 할 것

사무엘상의 마지막인 31장은 사울의 최후를 담고 있다. 길보아 산에서 블레셋 사람들과의 전투가 벌어지고 사울은 이스라엘 사람들을 데리고 나가서 전쟁에 임하게 된다. 사울은 블레셋 병사가 쏜 화살에 중상을 당하자, 왕의 무기를 담당하고 있던 부관에게 자기를 죽이라는 명령을 내린다. 블레셋 군사가 와서 자기를 죽이는 욕을 당할 수 없다고 생각했기 때문이다. 그러나 사울의 부관은 부상당한 왕이지만 감히 왕을 죽일 수는 없었다. 그러자 사울 왕은 자기 칼을 빼어 그 위에 엎드러져 넘어져서 자결을 하게 된다. 블레셋 사람들의 위협 때문에 왕으로 세움을 받았던 사울도 결국 그 블레셋과의 전투에서 전사를 하고 만 것이다. 사울뿐 아니라 이 블레셋과의 전투에서 사울의 세 아들도 모두 비참한 최후를 맞는다.

> 그가 무기든 자에게 이르되 네 칼을 빼어 그것으로 나를 찌르라 할례 받지 않은 자들이 와서 나를 찌르고 모욕할

까 두려워하노라 하나 무기 든 자가 심히 두려워하여 감히 행하지 아니하는지라 이에 사울이 자기의 칼을 뽑아서 그 위에 엎드러지매 무기를 든 자가 사울이 죽음을 보고 자기도 자기 칼 위에 엎드러져 그와 함께 죽으니라 사울과 그의 세 아들과 무기를 든 자와 그의 모든 사람이 다 그날에 함께 죽었더라(삼상31:4-6)

이방인의 손에 죽기 보다는 스스로 목숨을 끊은 사울의 마지막 모습이 인간적인 모습으로 볼 때는 훌륭한 장수다웠다고 할지 모르나, 결국은 하나님이 버리셨기 때문에 비참한 최후를 맞이한 것이다.

사울은 리더로서 그 품성이 누구보다도 훌륭했고, 그 출발 또한 누구보다도 순조로웠던 사람이다. 그리고 누구보다도 많은 하나님의 은혜를 입었던 지도자였다. 그러나 기억하자. 하나님이 주신 은혜는 하나님이 다시 취하실 수도 있는 것이다. 세상의 인정을 받는 것도 중요하지만 하나님의 인정을 받는 것은 더욱 중요하다. 하나님의 인정을 받는 사람을 하나님은 세상에서도 인정받게 해 주신다. 사사 시대에서 왕정 시대로의 변화가 있었던 것처럼, 우리가 살고 있는 이 시대는 순식간에 너무도 많은 것들이 급변하는 시대이다. 그러나 변질되지 말아야 할 것이 있다. 그것은 하나님을 향한 우리의 신앙, 초심(初心)이다.

3

하나님이 인정한 중심, 다윗

용모와 신장 vs. 중심

사무엘상하서는 흔히 이스라엘의 마지막 사사이자 제사장, 선지자라 불리는 사무엘이 기름부어 왕이 된 두 사람의 이야기를 담고 있다. 통일 이스라엘의 초대 왕 사울을 중심인물로 다루는 사무엘상은 사울의 장렬한 전사(戰死)를 보도로 마무리되고, 전무후무한 제국 시대를 연 다윗의 이야기를 주로 다루는 사무엘하의 시작은 사울 일가의 죽음을 슬퍼하는 다윗을 소개한다. 다윗의 활동과 업적은 주로 사무엘 하권에 기록되어 있으나, 다윗은 등장은 이미 사울을 주인공으로 다루는 사무엘상에서 시작된다. 하나님이 이새의 아들 중에서 이스라엘의 새로운 왕을 선택하셨음을 들은 선지자 사무엘은 다윗을 제외한 이새의 아들들이 모인 자리에서 그들 중 한 명을 이스라엘의 왕으로 기름부으려 한다. 하지만 하나님은 그 자리에 없던 이새의 막내아들 다윗을 이스라엘의 다음 왕으로 생각하고 계셨다.

> 그들이 오매 사무엘이 엘리압을 보고 마음에 이르기를 여호와의 기름부으실 자가 과연 주님 앞에 있도다 하였더니 여호와께서 사무엘에게 이르시되 그의 용모와 키를 보지 말라 내가 이미 그를 버렸노라 내가 보는 것은 사람과 같지 아니하니 사람은 외모를 보거니와 나 여호와는 중심을 보느니라 하시더라(삼상16:6-7)

"용모와 키를 보지말라"는 하나님의 말씀이 비단 엘리압을 가리키는 말이었을까. 이미 사무엘상 9장은 이스라엘에서 가장 탁월했던 용모와 키를 지닌 자에 대해 언급한 바 있다. 그가 바로 이스라엘의 초대 왕 사울이다.

그렇다면 사무엘상 16장에서 말하는 용모와 키는 엘리압이 아닌 사울을 염두에 두고 있는 말씀으로도 볼 수 있다. 바로 앞장(삼상 15장)에서 하나님은 인간적인 판단 기준인 용모와 키가 뛰어난 사울을 버리셨음을 기억하라: "사무엘이 사울에게 이르되 나는 왕과 함께 돌아가지 아니하리니 이는 왕이 여호와의 말씀을 버렸으므로 여호와께서 왕을 버려 이스라엘 왕이 되지 못하게 하셨음이니이다(삼상15:26)" 하나님이 새로 선택하신 왕의 탁월함은 그 용모와 키에 있지 않고 하나님만이 보시는 "중심"에 있다. 그 중심이 무엇일까?

이스라엘의 위기

사울이 왕으로 재위하는 동안 이스라엘과 블레셋과의 교전 상태는 계속되었다(삼상14:52). 사무엘상 17장은 그 전쟁에서 이스라엘이 고전을 면치 못하고 있던 한 단면을 보여 준다. 적진 블레셋을 진두지휘하는 장군의 이름은 골리앗이었다. 성서가 말하는 골리앗의 키는 "여섯 규빗 한 뼘"이다(삼상17:4). 일반적으로 한 규빗이란 성인 남자의 팔꿈치에서 가운데손가락 끝까지의 길이를 말한다. 사람마다 그 길이의 차이는 있겠으나 보통은 45cm로 통용되고 있다. 그렇다면 누군가가 골리앗의 키를 재기 위해 자신의 팔을 사용해 재었을까? 그렇지 않았을 것이다. 구약성경에서 규빗은 여러 차례 등장한다. 분명 당시에 통용되던 규빗에 해당하는 측정 도구가 있었을 것이다. 하지만 성서의 주 무대인 팔레스틴이 무수히 많은 전쟁을 치렀던 땅이었던지라 아직까지 그 측정 도구가 발견되지 않았을 뿐이리라. 골리앗의 키 "여섯 규빗 한 뼘"을 지금 우리가 사용하는 길이 단위로 환산하면 거의 3m에 육박한다(45×6+22.5= 292.5cm)! 입고 있는 갑옷의 무게는 놋 5,000세겔이다. 현재 이스라엘 화폐 단위로 사용하는 세겔(shekel)이 구약시대에는 무게 단위였다. 고고학적으로 발굴된 추를 달아 보면 보통 1세겔은 11.5g이다(왕실에서 쓴 무거운 세겔은 약 13g). 그렇다면 골리앗의 갑옷 무게는 57kg 정도이다(5,000×11.5=57,500). 골리앗은 거의 한 사람의 성인 몸무게에 해당하는 갑옷을 입고 있다! 그뿐만이 아니다. 놋 투구에, 놋 각반에, 놋 단창을 메고, 600세겔 무게의 창날을 단 베틀 채 같은 창 자루를 들고 있다! 그런 골리앗이 골리앗 진영 선두에 서서 외친다.

> 그가 서서 이스라엘 군대를 향하여 외쳐 가로되 너희가 어찌하여 나와서 항오를 벌였느냐 나는 블레셋 사람이 아니며 너희는 사울의 신복이 아니냐 너희는 한 사람을 택하여 내게로 내려보내라 그가 능히 싸워서 나를 죽이면 우리가 너희의 종이 되겠고 내가 이기어 그를 죽이면 너희가 우리의 종이 되어 우리를 섬길 것이니라 그 블레셋 사람이 또 가로되 내가 오늘날 이스라엘의 군대를 모욕하였으니 사람을 보내어 나로 더불어 싸우게 하라 한지라(삼상17:8-10)

온 이스라엘 사람뿐 아니라 이스라엘에서 가장 뛰어난 키를 자랑하는 사울 역시 이 블레셋 사람의 호령 앞에 두려워한다. 사울은 전쟁터 일선에 나타나지도 않고 있었다. 사무엘이 감탄했던 용모를 사랑하던 이새의 장성한(삼상17:3) 아들 엘리압과 아비나답, 삼마 또한 이 전쟁에 참가했지만, 전쟁터 어딘가에 몸을 숨기고 모습을 드러내지 않고 있다.

전쟁터에 나타난 소년

다윗의 본격적인 등장은 바로 이 시점이다. 그리고 이 시점은 하나님이 다윗에게서 인정하셨던 그의 중심이 무엇인지를 드러내는 때이다. 다윗이 이 전쟁터에 나타난 것은 형들의 안부를 묻고 오라는 아버지 이새의 당부 때문이었다. 다윗은 형들에게 전해 줄 볶은 곡식과 떡 덩이, 치즈를 들고 나타난다. 전쟁터 한 가운데에 도시락을 들고 나타나는 다윗, 이 다윗에게는 아마 전쟁에 대한 개념조차 없었던 모양이다. 그런 그가 적장 골리앗이 외치는 고함 소리를 들었다. 이스라엘 모든 사람이 그 고함 소리를 두려워하며 도망갈 때에 다윗은 "이 할례 받지 않은 블레셋 사람이 누구이기에 살아계신 하나님의 군대를 모욕하겠느냐(삼상17:26)"며 전쟁에 참여하려 한다.

큰형 엘리압의 만류와 질책에도 불구하고 결국 다윗은 사울 앞에 불려 간다. 사울과 다윗의 만남은 이때가 처음이 아니다. 성경이 묘사하는 다윗과 사울의 만남은 이미 사무엘상 16장에서 이루어진 바 있다. 악령에 시달리던 사울이 수금을 잘 탄다는 다윗의 소문을 듣고 그를 자신의 왕궁으로 불러들인 바 있다. 사울은 아마도 골리앗과 싸우겠다고 나서는 이스라엘의 장군이 다윗이었으리라고는 생각조차 못했던 것 같다. 불려온 용사(?)가 다윗임을 안 사울의 실망은 컸다. 어려서부터 용사인 골리앗과 소년 다윗의 대결. 사울의 눈에 이 싸움은 처음부터 이길 수 없는 싸움으로 보였기 때문이다(삼상17:33). 그러나 다윗의 생각은 달랐다. 처음부터 이 싸움은 이길 수 밖에 없는 싸움이었다. 거구 골리앗이 칼과 창과 단창으로 무장하고 나서지만, 여호와의 구원하심이 무기나 신장에 달려있지 않다는 사실을 잘 알고 있었기 때문이다. 다윗이 이런 확신을 갖는 데에는 그의 나이 어림에 어울리지 않는(?) 체험이 있었다. 그것은 그저 사자와 곰을 잡아 본 적이 있다(삼상17:34-36)는 단순한 자랑거리가 아니었다. 근심에 사로잡혀있는 사울 앞에서 전하는 한 소년의 당당한 외침을 들어 보라.

> 또 다윗이 이르되 여호와께서 나를 사자의 발톱과 곰의 발톱에서 건져냈은즉 나를 이 블레셋 사람의 손에서도 건져내시리이다(삼상17:37)

하나님이 자신과 함께 하실 때 불가능한 일들도 해낼 수 있었다는 간증이었다. 그 간증은 과거에 있었던 우연한 사건으로 끝나는 것이 아니라 지금도 여전히 유효하다는 것이다. 과거의 사건으로 끝나 버리는 것은 신앙이 아니다. 그 사건을 가능하게 하신 하나님이 여전히 살아 계시다는 것을 믿는 것이 신앙이다. 이스라엘 모든 사람에게 없었고, 다윗에게는 있는 중심이 바로 이 신앙이다. 역사 속에서 살아 계신 하나님은 늘 이스라엘과 함께 세셨나. 그 하나님이 역사하셨기에 이스라엘이 지금도 그 생명을 유지하고 있다. 사울을 왕으로 세우신 하나님이 지금도 살아 계신다. 그 살아 계신 하나님이 사울에게 이미 많은 승전을 경험케 하셨다. 그것은 하나님이 싸우신 전쟁이었다. 그러나 그들은 살아

계신 하나님이 함께하신 그 경험, 그 체험을 지금 자신들의 것으로 이어 가지 못하고 있다. 그러나 다윗은 이어 가고 있다!

익숙한 무기

다윗의 간증(?)에 희망이 생긴 사울은 자신의 갑옷과 투구를 다윗에게 입혀 준다. 그러나 사울의 투구와 갑옷을 두른 다윗의 모습은 우스꽝스럽기만 하다.

> 다윗이 칼을 군복 위에 차고는 익숙지 못하므로 시험적으로 걸어보다가 사울에게 고하되 익숙지 못하니 이것을 입고 가지 못하겠나이다 하고 곧 벗고 손에 막대기를 가지고 시내에서 매끄러운 돌 다섯을 골라서 자기 목자의 제구 곧 주머니에 넣고 손에 물매를 가지고 블레셋 사람에게로 나아가니라(삼상17:39-40)

아무리 좋은 옷이라도 자신에게 맞지 않으면 소용이 없다. 아무리 좋은 무기라도 자신이 사용할 수 없는 것이라면 그저 짐만 될 뿐이다. 투구와 갑옷이 형편없다는 것이 아니다. 문제는 그것이 다윗에게는 전혀 "익숙"하지 않았다는 데에 있다. 다윗은 자신에게 익숙하지 않은 갑옷과 투구를 벗어 버리고 대신 익숙한 무기를 선택한다. 막대기와 시내에서 골라온 매끄러운 돌 다섯 개 그리고 물매였다. 기억하라. 우리가 아무리 좋은 무기를 지니고 있고 첨단의 시대를 달린다 해도 그것이 우리에게 익숙하지 않으면 소용없다는 것을. 반면, 말씀을 보며, 기도하고, 예배 드리는 일이 아무리 초라해 보인다 해도 그것이 우리 삶에 가장 익숙한 것이 될 때, 그것은 세상을 이길 수 있는 가장 강력한 무기가 될 수 있다는 사실을 말이다. 우리는 칼과 창과 단창이라는 세상의 무기를 가지고 싸우는 사람이 아니다. 오히려 세상이 우습게 여기고 모욕하는 이스라엘 군대의 하나님의 이름으로 세상 앞에 맞서 싸우는 존재이다.

다윗이 들고 있는 막대기는 골리앗의 칼보다 강했고, 그가 던진 물맷돌은 방패 든 자가 막아 내지 못했다. '다트'라는 게임을 해 본 적이 있는가. 약간의 거리를 두고 벽에 걸린 조그만 원형 과녁을 명중시키는 게임 말이다. 불과 2-3m의 가까운 거리에서 던지는 것인데 중앙을 맞추기란 그리 쉽지 않다. 하물며 전쟁터에서 실전으로 던진 물맷돌이 골리앗의 맨살이 드러나 보이는 유일한 부분인 이마를 때린 것은 기적이었다. 돌멩이에 맞은 골리앗이 쓰러진 것이나 쓰러져 일어나지 못한 것 등등 모두가 기적이라고밖에는 설명할 수 없다. 처음부터 이 싸움은 일대 이의 싸움이었던 것이다. 비록 첨단 무기로 무장했던 거구이긴 했으나 골리앗은 혼자였고, 보잘것없는 물맷돌을 들고 나온 다윗의 뒤에는 보이지 않는 하나님의 강력한 손길이 돕고 있었다는 말이다. 다윗은 눈에 보이지 않는 하나님이 자신과 함께 싸우실 것을 믿었던 것이다.

> 너는 칼과 창과 단창으로 내게 나아 오거니와 나는 만군의 여호와의 이름 곧 네가 모욕하는 이스라엘 군대의 하나님의 이름으로 네게 나아가노라 오늘 여호와께서 너를 내 손에 넘기시리니 내가 너를 쳐서 네 목을 베고 블레셋 군대의 시체를 오늘 공중의 새와 땅의 들짐승에게 주어 온 땅으로 이스라엘에 하나님이 계신 줄 알게 하겠고 또 여호와의 구원하심이 칼과 창에 있지 아니함을 이 무리에게 알게 하리라 전쟁은 여호와께 속한 것인즉 그가 너희를 우리 손에 넘기시리라(삼상17: 45-47).

결국 첨단 무기를 자랑하던 거구 골리앗은 다윗이 던진 물맷돌에 힘없이 쓰러지고 자신이 가지고 있던 칼로 목 베임을 당한다(삼상17:49-51).

다시 말하거니와 다윗이 의지했던 것은 창이나 칼이 아니었다. 심지어 자신이 들고 나간 물맷돌도 그의 무기가 아니었다. 골리앗의 목을 베려면 칼이 필요했지만, 다윗은 자신에게 칼이 없어서 쓰러진 골리앗의 칼을 뽑아 사용했을 정도로 다윗에게는 들고 나간 무기가 없었다(삼상17:50). 그가 들고 나아간 무기는 오직 블레셋 인들에게 모욕 받고 있는 하나님의 이름이었다. 구약성서에서 하나님의 이름은 많은 곳에서 하나님이 함께하심 곧 하나님의 임재를 상징한다. 그 하나님의 이름이 다윗의 유일한 무기였던 것이다.

이 사건 이후로 다윗은 성서 역사에 본격적으로 등장하기 시작한다. 결국 하나님이 인정하셨던 다윗의 중심이란 하나님이 함께 하심을 믿고 나아가던 다윗의 믿음이 아니었을까? 하나님은 이런 믿음을 소유한 다윗을 이스라엘의 새로운 왕으로 선택하셨고, 그와 특별한 계약을 맺으시며 전무후무한 제국의 시대를 열어 가게 하셨다.

다윗을 질투했던 사울과 다윗을 사랑했던 사람들

골리앗이 이끄는 난적 블레셋과의 싸움에서 승리한 이후로 다윗은 본격적으로 신명기 역사서에 등장하기 시작한다. 사울은 다윗을 군대의 장으로 삼을 정도로 총애했지만, 이내 사울과 다윗 사이에 갈등이 생기는 사건이 발생하고야 만다. 그 갈등은 승전하고 돌아오는 사울과 다윗을 환영하는 여인들의 노래 가사에서 시작된다.

> 무리가 돌아올 때 곧 다윗이 블레셋 사람을 죽이고 돌아올 때에 여인들이 이스라엘 모든 성읍에서 나와서 노래하며 춤추며 소고와 경쇠를 가지고 왕 사울을 환영하는데 여인들이 뛰놀며 노래하며 이르되 사울이 죽인 자는 천천이요 다윗은 만만이로다 한지라(삼상18:6-7)

분명 왕 사울을 환영하는 자리였으나, 여인들의 노래 가사는 왕 보다 신하를 높이 세우고 있었다. "그날 이후로 사울이 다윗을 주목(?)하기 시작했다(삼상18:9)." 사울은 급기야 다윗의 생명을 취하고자 했고, 다윗은 사울을 피해 도망 다니는 신세로 전락하고야 만다. 심지어 한동안 자신과 이스라엘의 주적(主敵)인 블레셋 사람들 휘하에 들어가 살기도 한다.

그러나 다윗은 많은 사람들로부터 진한 사랑을 받는다. 아이러니하게도 다윗을 죽이려 했던 장본인인 사울의 아들 요나단과 딸 미갈은 다윗의 생명을 구하는데 결정적인 역할을 한다. 신명기사가는 다윗과 의형제의 언약을 맺은 요나단이 다윗을 자기 생명 같이 사랑했으며(삼상18:1-3), 미갈 또한 다윗을 사랑했다고 증언한다(삼상18:20,28). 뿐만 아니라 다윗은 온 이스라엘과 유다로부터 사랑을 받는 존재였다(삼상18:16). 그러나 다윗은 그 누구보다도 하나님의 사랑을 받는 존재였음을 기억해야 할 것이다. 쫓기는 와중에서도 자신을 죽이려고 혈안이 된 사울의 생명을 살린 그와 하나님은 늘 함께 계셨다(삼상18:28 참조).

왕위 등극과 예루살렘 정복

사무엘하는 사울의 전사 보도와 블레셋과의 전쟁에서 함께 죽은 요나단 그리고 전쟁에서 죽은 이스라엘 족속을 위하여 다윗이 슬퍼하며 울며 금식하는 이야기로 시작한다. 사울이 죽은 후 다윗과 사울의 아들 이스보셋은 각각 헤브론과 마하나임에서 유다와 이스라엘의 왕으로 등극하지만, 이내 이스보셋의 군대 장관 아브넬이 살해되고 뒤이어 이스보셋도 암살을 당하면서 다윗은 통일 이스라엘의 왕으로 등극하게 된다. 그때 다윗의 나이 30이었다.

구약성서가 말하는 다윗의 치리 기간은 약 40년이다. 그 중 7년 6개월은 헤브론에서, 33년은 예루살렘에서 치리했다. 다윗이 왕으로 등극할 때까지 예루살렘은 아직 미정복지로 남아 있었다. 그 이유는 예루살렘이 난공불락의 도시였기 때문이다. 고대 팔레스틴에서 도시는 대개의 경우 지형이 높은 곳에 위치한 아크로폴리스(acropolis, 높은 도시)이다. 외부의 공격으로부터 지켜 내기에는 낮은 도시보다는 높은 도시가 훨씬 유리하기 때문이다. 그리스의 아테네가 고대 오리엔트에서 가장 유명한 아크로폴리스였다면, 해발 720m에 달하는 1,000년 이상 된 난공불락의 도시 예루살렘은 팔레스틴을 대표하는 아크로폴리스라고 말할 수 있다. 다윗은 그 예루살렘을 정복하기로 마음먹었다. 하지만 당시 예루살렘의 주민이던 여부스 사람들이 다윗을 향해 "네가 결코 이리로 들어오지 못하리라 맹인과 다리 저는 자라도 너를 물리치리라(삼하5:6)"라고 했던 말은 수성(守城)에 대한 강한 자신감을 드러내 준다. 성경은 다윗의 예루살렘 정복 이야기를 다음과 같이 짤막하게 언급할 뿐이다.

> 다윗이 시온 산성을 빼앗았으니 이는 다윗 성이더라 그 날에 다윗이 이르기를 누구든지 여부스 사람을 치거든 물

> 긷는 데로 올라가서 다윗의 마음에 미워하는 다리 저는 사람과 맹인을 치라 하였으므로 속담이 되어 이르기를 맹인과 다리 저는 사람은 집에 들어오지 못하리라 하더라(삼하5:7-8)

하지만 난공불락의 철옹성 예루살렘에는 한 가지 취약점이 있었는데, 그것은 성안에 수원(水源)이 없다는 것이었다. 이 문제를 해결하기 위해 예루살렘 성 밖 기혼샘으로부터 암석을 파서 성안으로 이어지도록 만든 지하 터널이 있고, 샘물은 이 터널의 수로를 따라 흘러가고 있었다. 1867년 영국군 장교 찰스 워렌(C. Warren)은 기혼샘 지역을 탐사하게 되었다. 워렌은 기혼샘으로부터 지하 터널 안쪽으로 들어가다가 터널의 천정 부분에서 직경이 2m 정도 되는 둥근 모양으로 뚫려 있는 천정을 발견했다. 그것은 위를 향해 수직 방향으로 암벽을 뚫어 만든 일종의 통로라는 것을 알게 되었다. 지금까지 그 수직 통로는 워렌의 이름을 따서 "워렌의 수직 통로(Warren's Shaft)"라고 불리는데, 이 수직 통로는 사무엘하 5장 8절에서 말하고 있는 "물 긷는 데", 즉 수구(水口)이다. 다윗은 자신의 부하들로 하여금 이 수구를 통해 성안에 들어가도록 했고, 마침내 예루살렘 성을 정복하고 그곳을 통일 이스라엘 왕국의 수도로 정하였다. 그리고 마지막까지 미정복지로 남아 있어서 이스라엘의 열 두 지파 중 그 어디에도 속해 있지 않았던 예루살렘에 자신의 이름을 붙여 "다윗 성"이라 명명했다.

영원한 언약(The Davidic Covenant)

다윗의 예루살렘 정도(定都)는 여러 가지 면에서 의미를 지닌다. 예루살렘을 수도로 정한 후에 다윗은 먼저 하나님 임재의 상징인 언약궤를 예루살렘으로 옮겨 왔다. 언약궤가 옮겨진 후 다윗의 조정에서는 새로운 왕조 신학이 일어나게 되었고, 이로 인해 다윗의 왕권은 더욱 견고해 질 수 있었다. 이 새로운 신학은 하나님께서 다윗과 영원한 세약을 맺어 주셨다고 하는 것이다. 하나님께서 다윗과 맺은 계약이라고 하여 이것을 "다윗 계약"이라고 부른다. 예언자 나단(Nathan)을 통해 들려 주는 다윗 계약의 내용을 살펴보자.

> 네 수한이 차서 네 조상들과 누울 때에 내가 네 몸에서 날 네 씨를 네 뒤에 세워 그의 나라를 견고하게 하리라 그는 내 이름을 위하여 집을 건축할 것이요 나는 그의 나라 왕위를 영원히 견고하게 하리라… 네 집과 네 나라가 내 앞에서 영원히 보전되고 네 왕위가 영원히 견고하리라(삼하 7:12-16)

하나님께서 다윗을 왕으로 세워 주셨고, 그에게 영원한 왕조를 약속해 주셨다는 것이다. 그리고 예루살렘은 하나님이 영원히 거하시는 곳이 된다.

여호와께서 시온을 택하시고 자기 거처를 삼고자 하여 이르시기를 이는 나의 영원한 쉴 곳이라 내가 여기 거주할 것은 이를 원하였음이로다(시132:13-14)

영원한 다윗 왕조에 대한 약속과 예루살렘의 중요성은 다윗 계약을 받치고 있는 두 기둥이다. 그러나 이러한 핵심 요소들은 모두 세습적인 왕정 사상이 없던 이스라엘에게 낯설면서도 획기적인 것이었다. 주전 922년, 통일 왕국이 분열된 이후 남유다에서는 다윗 왕조만이 존속되었고, 유다 왕국의 멸망으로 왕조가 끊어진 후에는 하나님께서 다윗 왕조를 언젠가는 필연코 회복시켜 주실 것이라는 희망의 기초가 되었고, "메시야사상(세상에서 하나님의 통치를 대신하는 선택된 왕)"으로까지 발전하게 된다. 이러한 사상은 시편, 역대기, 예언서 그리고 더 나아가서 신약성서에까지 그 영향을 미친다. 다윗에게 주신 하나님의 은혜의 약속이 예수님에게서 실현되었다고 믿기 때문이다.

범죄 하는 왕, 회개하는 지도자

그러나 신명기 역사서는 하나님이 함께 하셔서 거칠 것이 없었던 다윗에게도 치명적인 실수가 있었음을 기록하고 있다.

그 해가 돌아와 왕들이 출전할 때가 되매… 다윗은 예루살렘에 그대로 있더라 저녁 때에 다윗이 그의 침상에서 일어나 왕궁 옥상을 거닐다가 그곳에서 보니 한 여인이 목욕을 하는데 심히 아름다워 보이는지라(삼하11:1-2)

전술했듯이, 다윗 성 예루살렘은 팔레스틴에서 가장 지대가 높은 도시이다. 가장 높은 도시인 예루살렘에서 가장 높은 건물을 꼽는다면 단연 왕궁이다. 왕궁에서도 가장 높은 부분이 있다면 그곳은 바로 옥상이다. 바로 그 옥상을 지금 다윗이 거닐고 있다. 하지만 그 자리는 지금 다윗이 있어야 할 자리가 아니다.

지금까지 다윗은 모든 전투에서 솔선수범하며 "나를 따르라" 하던 리더(leader)였지, "이기고 돌아오라" 하는 보스(boss)가 아니었다. 그러나 나가서 싸우는 전쟁마다 모두 이긴 나머지 타성에 젖어 버렸기 때문일까? 지금 다윗은 "온 이스라엘 군대"를 다 보내는 중요한 전쟁에 자신의 부하들만 보내고 예루살렘에 "그대로" 남아 있다. 다윗이 있어야 할 곳은 바로 전쟁터이건만, 홀로 예루살렘 왕궁 옥상에 남아 있다! 있어야 할 자리를 지키지 않고 있지 말아야 할 높은 자리에 홀로 남아 있다. 이것이 바로 교만이다. 교만에 가득 차 왕궁 옥상을 거닐고 있는 다윗의 눈에 목욕하고 있는 한 여인이 들어왔고, 그 여인의 모습은 심히 아름다워 보였다. 처음 범죄를 저질렀던 하와의 눈에 선악과가 "보암직도 하고 먹음직도 하고 지혜롭게 할만큼 탐스러웠던" 것을 기억하라. 있지 말아야 할 자리에 있었던 처음 남자와 여자의 눈에는 금지된 열매가 그리도 탐스럽게 보였던 것이다. 다윗도 마찬가지였다. 그의 눈에 비친 한 여인의 모습은 뿌리치기 힘든 유혹이었고 급기야 동침하는 범죄를 저지르고야 만다. 다윗의 간음은 살인으로까지 발전한다. 헷 사람으로 이스라엘에 들어와 살던 나그네 용병 우리야(Uriah)는 자신의 아내와 주군 사이에서 벌어진 기가 막힌 사건을 알지도 못한 채 그저 끝까지 충성을 다할 뿐이다. 그는 자신을 전쟁터 일선에 세워 죽게 하라는 명령이 담긴 다윗의 편지를 전하고는 전사하고야 만다.

이때 예언자 나단이 등장한다. 나단이 누구인가? 하나님이 다윗과 영원한 언약을 맺으셨음을 전한 바로 그 예언자가 아닌가? 그가 이번에는 다윗의 잘못을 비유 형식을 들어 지적한다. 자신의 행위가 완전범죄라고 생각했을 다윗은 나단의 비유에 등장하는 범법자를 징책하며 그를 반드시 죽일 것과 아울러 "네 배의 배상"을 해야 한다고 선고한다. 다윗이 말하는 네 배의 배상이란 양을 도둑질했을 경우 네 배로 갚아야 한다는 율법(출22:1)에 따른 것이다. 다윗은 누구보다도 하나님의 법을 잘 알고 있던 사람이었던 것이다. 바로 이 선고 때문일까? 후에 그는 자신의 아들 네 명을 잃게 된다(삼하12:19/첫째 아들; 13:28-29/암논; 18:14-15/압살롬; 왕상2:24-25/아도니야). 하나님의 은혜로 왕이 된 다윗, 하나님이 영원한 언약을 맺은 다윗, 그런 다윗이기에 누구보다도 하나님의 법을 잘 알면서도 씻을 수 없는 범죄를 저질렀음을 기억할 필요가 있다. 지금까지 하나님의 은혜로 승승장구하던 다윗이 패배와 몰락을 경험하기 시작한 시점 또한 바로 이때부터이다.

사울과 다윗 중 과연 누가 더 많은 하나님의 은혜를 입었을까? 다윗이다. 둘 중 과연 누가 더 큰 잘못을 저질렀을까? 이 또한 단연 다윗이다. 그럼에도 불구하고 하나님이 다윗과 그 나라를 버리지 아니하신 것은 하나님의 신실하심과 다윗의 회개 때문이다. 일찍이 하나님의 영원한 언약을 전한 나단 앞에서 다윗은 은혜를 간구했었다: "종의 집에 복을 주사 주 앞에 영원히 있게 하옵소서(삼하7:29)" 그 다윗이 다시 나단 앞에서 하나님께 회개한다: "다윗이 나단에게 이르되 내가 여호와께 죄를 범하였노라(삼하11:13)." 시편 51편에는 이때 하나님 앞에서 철저하게 회개하는 다윗의 심정이 잘 드러나 있다.

> 하나님이여 주의 인자를 따라 내게 은혜를 베푸시며 주의 많은 긍휼을 따라 내 죄악을 지워 주소서 나의 죄악을 말갛게 씻으시며 나의 죄를 깨끗이 제하소서 무릇 나는 내 죄과를 아오니 내 죄가 항상 내 앞에 있나이다…우슬초로 나를 정결하게 하소서 내가 정하리이다 나의 죄를 씻어 주소서 내가 눈보다 희리이다…주의 얼굴을 내 죄에서 돌이키시고 내 모든 죄악을 지워 주소서 하나님이여 내 속에 정한 마음을 창조하시고 내 안에 정직한 영을 새롭게 하소서 나를 주 앞에서 쫓아내지 마시며 주의 성령을 내게서 거두지 마소서(시51:1-11)

이는 한때 교만하기 이를 데 없던 제국의 왕 다윗이 하나님 앞에서 다시 초심으로 돌아가는 모습을 보여 준다.

4

솔로몬과 왕국의 분열

지혜의 왕, 솔로몬

열왕기상은 이스라엘 역사상 전무후무한 업적을 남긴 다윗 왕이 죽음을 맞이하는 장면과 다음 왕위를 둘러싼 아들들의 치열한 왕위 쟁탈전으로 시작된다. 이 쟁탈전에서 최종 승리자는 솔로몬이다. 솔로몬에 관한 기록은 열왕기상 2-11장에 기록되어 있다. 솔로몬은 예언자 나단과 어머니 밧세바의 도움으로 다윗의 맹세대로 왕위에 오르고 다윗의 넷째 아들인 아도니야를 비롯한 숙적들을 제거한다(왕상1-2장). 아버지 다윗이 전쟁을 통해 나라의 기반을 다졌다면, 아들 솔로몬은 외교적 수완을 통해 주변 나라들과 우호적인 관계를 맺으며 나라를 더욱 부강케 했다. 흔히 솔로몬은 "이재(理財)의 왕" 혹은 "지혜의 왕"으로 통한다. 이재의 왕으로서의 솔로몬 시대의 부유함은 "솔로몬 왕이 마시는 그릇은 다 금이요 레바논 나무 궁의 그릇들도 다 정금이라 은 기물이 없으니 솔로몬의 시대에 은을 귀하게 여기지 아니함은(왕상10: 21)"이라는 말에서 잘 드러난다. 지혜의 왕으로서의 솔로몬은 이집트와 우호적인 관계를 갖고 바로의 딸을 아내로 맞으며 기브온에서 일천번제를 드린 후 하나님으로부터 지혜와 부귀 장수의 축복을 받아 명재판을 하기도 한다. 또한 외국과의 빈번한 국제교류를 통하여 주변의 나라로부터 지혜문학을 수입하였고, 이스라엘에 지혜문학 전통을 시작하였다. 그리하여 그는 성서의 왕 중에서 가장 지혜로운 왕으로 알려지게 되었다. 구약성서의 지혜문학으로 일컬어지는 잠언, 전도서 등은 전통적으로 솔로몬의 작품으로 인정받고 있다.

주의 마음에 맞는 기도

열왕기상 3장에는 솔로몬에 대한 기록 중 가장 감동적이고 아름다운 이야기가 등장한다. 다윗의 뒤를 이어 통일 이스라엘 왕국의 세 번째 왕이 된 솔로몬은 하나님이 솔로몬이 태어날 때부터 그를 사랑하셨듯이(삼하12:24-25), "여호와를 사랑하고" 아버지 다윗처럼 하나님의 "법도를 행"하였다. 아직 성전이 지어지기 이전이었기에 부득불 산당을 찾아가서 하나님께 제사할 수 밖에 없는 상황에서 솔로몬은 기브온에 있는 산당을 찾아가 "일천번제"

를 드렸다. 그 일천번제가 한꺼번에 1,000마리의 제물을 드렸음을 말하는 것인지 아니면 1,000번에 걸쳐 매번 한 마리의 제물을 바친 것이었는지, 그것도 아니면 여러 번에 걸쳐 매번 여러 마리의 제물을 바친 것인지는 정확히 알 수 없다. 어쩌면 여기서 말하는 천(千, 엘레프)이라는 숫자는 "많음"을 말하고, 이는 솔로몬의 갸륵한 마음을 상징하는 것일 수도 있다. 여기서 신명기사가는 솔로몬이 일천번제를 드렸다는 것 보다는 그 제사 후에 기브온에서 하나님께 드린 기도에 더 많은 분량을 할애하고 그 기도에 담긴 솔로몬의 갸륵한 마음에 초점을 맞추고 있다. 일천번제를 받으신 하나님이 솔로몬에게도 무엇인가를 해 주고 싶으셨는가 보다. "내가 네게 무엇을 줄꼬 너는 구하라(왕상3:6)" 하신 걸 보면 말이다. 솔로몬은 먼저 하나님이 베풀어 주신 은혜에 감사하고(왕상3:6-7), 왕으로서 자신이 다스려야 할 백성들을 잘 재판할 수 있도록 "지혜로운 마음"을 달라고 간구한다

> 누가 주의 이 많은 백성을 재판할 수 있사오리이까 지혜로운 마음을 종에게 주사 주의 백성을 재판하여 선악을 알게 하옵소서(삼하3:9)

지혜로운 마음을 문자적으로 해석하면 "듣는 마음(레브-셰모아)"을 말한다. 그렇다. 한 나라의 왕이 가장 지혜로울 수 있는 때는 백성의 마음과 말을 듣고자 할 때이다. 지혜로운 마음을 달라고 한 솔로몬의 간구 자체에 이미 지혜가 배어 나온다. 참 많은 지

도자들이 백성의 편에서 그들의 형편과 말을 듣겠다고 약속하지만 정작 자신이 원하는 자리에 오르고 나면 그 귀를 닫아 버리는 데에 문제가 있다. 하나님이 솔로몬을 갸륵하고 기특하게 여기신 것은 그가 백성들의 편에서 서서 그들의 말을 들으려 할 때였다. 바로 그런 모습이 주의 마음에 맞았던 것이다: "솔로몬이 이것을 구하매 그 말씀이 주의 마음에 든지라(왕상3:10)"

하늘에서 들으시는 하나님

솔로몬의 업적 가운데 가장 유명한 것은 성전과 왕궁을 건축한 일이다. 일찍이 아버지 다윗의 마음에 간절한 소원이었던 성전 건축, 그 거룩한 사역이 마침내 솔로몬 때에 와서 이루어졌다. 열왕기상 5장과 6장은 성전을 건축하기 위한 솔로몬의 준비와 실행을 담고 있다. 성전 건축을 위해 부친과 우호 관계를 맺었던 두로 왕 히람과 조약을 체결하고 재료를 준비한 후(5장) 7년 공사 끝에 건축된 예루살렘 성전은 길이가 35m, 넓이 10m, 높이 15m 정도의 건축물이었다. 그 구조는 현관(Vestibule), 본당(Nave), 지성소(Holy of Holles)의 세 부분으로 나뉘어졌고, 지성소에는 법궤를 보존했다. 성전 건축이 마무리된 후, 성전을 봉헌하는 솔로몬의 연설과 기도에는 참으로 의미심장한 말씀이 등장한다: "하나님이 참으로 땅에 거하시리이까 하늘과 하늘들의 하늘이라도 주를 용납지 못하겠거든 하물며 내가 건축한 전이오리이까(왕상8:27)." 비록 하나님께서 솔로몬이 지은 성전을 자신의 거처로 삼으신 것이 사실이지만(13절), 사람인 자신이 지은 건물이 거룩하신 창조주 하나님을 모실 수 있는 곳은 못 된다는 것이다. 본디 사람이란 시공간에 얽매여 사는 존재이기 때문에 하나님이 임재해 계신 장소를 필요로 하지만, 창조주이신 하나님은 하늘과 하늘들의 하늘이라도 감히 그분의 처소가 될 수 없을 분이시다. 어찌 사람이 만든 건물 따위가 그 하나님을 모실 집이 될 수 있다는 말인가?

하나님은 여전히 하늘에 계신 분이시다. 그러나 성전에서 우리를 만나 주시고 우리의 기도를 들어 주신다. 애초부터 성전이란 그 위용을 자랑하기 위해 지어진 곳이 아니었다. 그저 그 앞에서 하나님께 기도하기 위해서 지어진 기도하는 집, 만민이 찾아와 간구하는 장소이다. 교회가 초라해 보이는 것은 그 크기가 작아서도 아니고, 다른 건물보다 화려하지 못해서도 아니다. 하나님이 들으실 기도하는 목소리가 더 이상 들리지 않을 때 교회는 초라해 질 수밖에 없다. 인간의 온갖 잡념과 회의와 고성으로 가득 차 더 이상 하나님이 들으실 만한 기도가 사라진 교회라면 이미 주의 이름으로 일컬어질 수 없는 그저 건물(!)일 뿐인 것을!

> 주의 종과 주의 백성 이스라엘이 이 곳을 향하여 기도할 때에 주는 그 간구함을 들으시되 주께서 계신 곳 하늘에서 들으시고 들으시사 사하여 주옵소서(왕상8:30).

솔로몬의 실정(失政)

솔로몬은 성전을 건축한 후에는 레바논에서 수입한 나무로 13년 동안 궁전을 건축하였다. 뿐만 아니라 국방을 튼튼히 하기 위해 국고성과 병거성들과 마병의 성들을 짓기도 했다(왕상9: 19; 10:26). 이 병거성은 이스라엘의 전략적 요충지였던 므깃도에 있었던 것으로 추측된다. 그러나 구약성서의 역사에 빛나는 이 위대한 건축 사업의 배후에는 어두운 그림자 또한 자리 잡고 있다. 세금과 국방 문제에 있어서 친유다 지파 일변의 정책을 폈던 솔로몬은 여러 가지 건축 사업으로 고갈된 국고를 충당하기 위해 북부의 가불(Gabul)지역을 외국에 매각하는 일까지 범하기도 했다.

> 솔로몬이 두 집 곧 여호와의 전과 왕궁을 20년 만에 건축하기를 마치고 갈릴리 땅의 성읍 스무 곳을 히람에게 주었으니 이는 두로 왕 히람이 솔로몬에게 그 온갖 소원대로 백향목과 잣나무와 금을 제공하였음이라(왕상9:10-11).

부와 영화로 이름난 솔로몬이지만, 급기야는 그 부와 영화가 솔로몬으로 하여금 하나님을 배신하고 우상숭배에 빠지게 함으로 왕국 분열의 빌미가 예고되고야 만다. 건축 사업을 위해서 과중한 세금을 부과하였고, 부역 제도로 백성들을 혹사시켰다. 후에 이러한 솔로몬의 통치는 그가 속한 유다 지파를 제외하고 다른 이스라엘의 10지파를 솔로몬 왕국으로부터 소외시키게 만들었다(시므온 지파는 일찍이 유다 지파에 흡수되어 독립적인 지위를 상실하였다).

마음을 빼앗기다

또한 솔로몬은 고대 근동의 어느 나라 왕에 못지않게 사치스런 생활을 하였고, 여러 나라의 왕족들과 국제 정략결혼의 결과로 종교적인 문란도 가져왔다.

> 솔로몬 왕이 바로의 딸 외에 이방의 많은 여인을 사랑하였으니 곧 모압과 에돔과 시돈과 헷 여인이라 여호와께서 일찍이 이 여러 백성에 대하여 이스라엘 자손에게 말씀하시기를 너희는 그들과 서로 통혼하지 말며 그들도 너희와 서로 통혼하게 하지 말라 그들이 반드시 너희의 마음을 돌려 그들의 신들을 따르게 하리라 하셨으나 솔로몬이 그들을 사랑하였더라 왕은 후궁이 700명이요 첩이 300명이라 그의 여인들이 왕의 마음을 돌아서게 하였더라(왕상 11:1-3)

고대 시대 영웅호걸의 몰락 이야기에는 그 배후에는 여인(들)이 자주 등장한다. 성서도 예외는 아니다. 사사 시대의 영웅 삼손의 몰락 배후에는 들릴라라는 블레셋 여인이 있었고, 제왕 다윗이 한때 몰락한 데에는 헷 사람 우리야의 아내 밧세바가 있었다.

그러나 그것은 그 여인들의 잘못이기 이전에 삼손과 다윗의 잘못이었다. 솔로몬도 마찬가지이다. 그나마 삼손과 다윗의 몰락 배후에 있던 여인은 단 한 명씩이었지만, 여기 솔로몬의 이야기에는 본처였던 애굽 여인 외에 그 이름도 적어 놓을 수 없이 많은, 1,000명의 여인들이 등장한다. 생각해 보라. 아무리 지혜의 왕 솔로몬이라 해도 그 여인들의 이름을 다 외울 수는 있었을까? 아마 불가능했을 것이다. 그들과의 결혼 생활이 행복했을까? 그것도 불가능했을 것이다. 하지만 솔로몬의 몰락 배후에는 이 여인들 보다 더 치명적인 위험 요소가 있었다. 그것은 이방의 여인들이 섬기고 있던 우상들이었다.

> 솔로몬이 나이가 많을 때에 그의 여인들이 그의 마음을 돌려 다른 신들을 따르게 하였으므로 왕의 마음이 그의 아버지 다윗의 마음과 같지 아니하여 그의 하나님 여호와 앞에 온전하지 못하였으니 이는 시돈 사람의 여신 아스다롯을 따르고 암몬 사람의 가증한 밀곰을 따름이라…모압의 가증한 그모스를 위하여 예루살렘 앞 산에 산당을 지었고 또 암몬 자손의 가증한 몰록을 위하여 그와 같이 하였으며 그가 또 그의 이방 여인들을 위하여 다 그와 같이 한지라 그들이 자기의 신들에게 분향하며 제사하였더라(왕상11:4-5,7-8)

아스다롯, 밀곰, 그모스, 몰록 등 온갖 종류의 잡신들이 등장한다. 신명기사가는 우상숭배를 가장 큰 종교적 범죄로 취급하고 있다. 한 분이신 하나님만 사랑하고 섬기는 것이 가장 중요한 삶의 지표이다. 흔히 "쉐마"라고 알려진 말씀을 살펴보자: "너는 마음을 다하고 뜻을 다하고 힘을 다하여 네 하나님 여호와를 사랑하라(신6:5)" 그런데 지혜의 왕이라는 솔로몬이 우상에게 마음을 빼앗기고 그것들을 섬기고 있다. 솔로몬이 빼앗겼다는 그 마음은 하나님께 돌려져야 할 것이었다. 지혜의 왕 솔로몬이라 할지라도 "그 마음을 돌려 이스라엘의 하나님 여호와를 떠나므로" 결국 하나님께서도 솔로몬에게 "진노"하시고야 만다(왕상11:9).

솔로몬 이야기에는 유독 마음이라는 단어가 자주 등장한다. 민심(民心)은 천심(天心)이라 했던가. 하나님이 주신 지혜로 나라를 부강하게 만들었던 솔로몬, 그러나 그 솔로몬의 마음이 하나님을 떠났을 때, 하나님의 마음도 그를 떠나고 백성들의 마음마저도 떠나고야 만 것이다.

남왕국의 초대 왕 르호보암

지금도 지혜(智慧)의 왕, 이재(理財)의 왕으로 불리는 솔로몬, 그러나 하나님 앞에서 그 마지막을 실패한 인생으로 살아간 솔로몬이 죽은 해는 주전 922년이다. 솔로몬이 죽자 온 이스라엘 사람들이 그의 아들 르호보암을 왕으로 삼기 위해 세겜에 모였다. 그들은 느밧의 아들 여로보암과 함께 르호보암을 찾아가 한 맺힌

청을 한다.

> 왕의 부친이 우리의 멍에를 무겁게 하였으나 왕은 이제 왕의 부친이 우리에게 시킨 고역과 메운 무거운 멍에를 가볍게 하소서 그리하시면 우리가 왕을 섬기겠나이다(왕상12:4)

이때 이미 르호보암은 예루살렘과 유다 지파에서 왕위를 세습 받은 상태였다(왕상11:43). 그러나 이스라엘의 북쪽 지파들의 생각은 달랐다. 그들은 자신들에게 왕을 뽑을 권리가 있다고 생각하고 있었다. 출신 지파의 후원을 입어 왕위에 오른 르호보암은 이러한 북쪽 지파들의 요구를 받아들이지 않았고 미련하게도 부친 솔로몬의 강경책을 고수하려 했다.

> 내 부친은 너희의 멍에를 무겁게 하였으나 나는 너희의 멍에를 더욱 무겁게 할찌라 내 부친은 채찍으로 너희를 징치하였으나 나는 전갈로 너희를 징치하리라(왕상12:14)

솔로몬의 압제 밑에 신음하던 백성들의 절절한 요구를 르호보암은 일언지하에 묵살하고 만다. 이스라엘 백성이 누구던가. 이집트 파라오의 압제 밑에서 신음하다가 모세의 영도하에 자유를 찾아 다시 가나안으로 돌아온 백성이다. 자유를 찾아 돌아온 백성이 그들이 왕으로 섬기는 이에 의해서 다시 이집트에서의 압제를 경험한 것이다. 이미 솔로몬 치하에서 악화된 그들의 상태는 르호보암 때에 이르러 돌이킬 수 없는 상황으로 치닫고야 말았다.

> 온 이스라엘이 자기들의 말을 왕이 듣지 아니함을 보고 왕에게 대답하여 가로되 우리가 다윗과 무슨 관계가 있느뇨 이새의 아들에게서 업이 없도다 이스라엘아 너희의 장막으로 돌아가라 다윗이여 이제 너는 네 집이나 돌아보라 하고 이스라엘이 그 장막으로 돌아가니라(왕상12:16)
> 온 이스라엘이 여로보암의 돌아왔다 함을 듣고 보내어 저를 공회로 청하여다가 온 이스라엘의 왕을 삼았으니 유다 지파 외에는 다윗의 집을 좇는 자가 없으니라(왕상12:20)

여기서 '온 이스라엘'이란 유다 지파와 시므온 지파(시므온 지파는 가나안 땅 정착 이후로 유다 지파에 흡수되어 버렸다)를 제외한 나머지 열 지파를 말한다. 이스라엘의 열 지파는 다윗 왕조의 치리를 거부하며 초대 왕 사울의 후손인 여로보암의 영도를 택했고, 반란을 일으키며 다윗 왕권으로부터 분리해 나갔다. 다윗이 이룩한 이스라엘의 통일 왕국(주전 1,000-922)은 채 100년을 지속하지 못하고 남과 북으로 분열하게 된 것이다. 다윗의 손자에 이르러 분열된 이스라엘은 구약성경 역사에서 다시는 하나로 통일되지 못하였다. 이제부터 이스라엘의 역사는 다윗 왕조가 치리하는 남유다 왕국(초대 왕 르호보암)과 북이스라엘 왕국(초대 왕 여로보암)으로 나뉘게 된다. 분열 왕국시대가 도래한 것이다. 구약성서에서 북이스라엘 왕국은

'에브라임'으로도 불린다. 원래 요셉의 아들 이름이었던 에브라임과 므낫세는 이스라엘 열두 지파의 이름 속에 들어가게 되고, 그중 북왕국의 열 지파 중에서 가장 강력한 대표 지파가 되었기 때문이다. 그래서 구약성서에서 에브라임은 인명, 지파명, 국명 등으로 다양하게 사용된다.

북왕국의 초대 왕 여로보암

북왕국의 초대 왕이 된 여로보암은 세겜을 수도로 정하였다가 후에 수도를 부느엘로 옮겼다(왕상12:25). 후에 북왕국 이스라엘의 다섯 번째 왕 오므리(Omri, 주전 876-869)에 의해 북이스라엘의 수도 사마리아가 세워질 때까지 북왕국 왕들의 거처가 디르사에 있던 것으로 보아(왕상16:6,8,9,15,17,23,24), 그 말년에는 다시 디르사로 천도했던 것 같다. 통일 왕국에서 분열 왕국으로 넘어가던 즈음이 두 왕국 사이에는 늘 전쟁이 끊이지 않았다. 남왕국의 입장에서 보면 북왕국은 구데타를 일으킨 세력으로 보았을 것이고, 북왕국에서는 그 분열의 책임이 남왕국의 왕에게 있다고 보았을 것이다.

> 르호보암(=남)과 여로보암(=북) 사이에 항상 전쟁이 있으니라(왕상14:30)
> 아비얌(=남)과 여로보암(=북) 사이에도 전쟁이 있으니라(왕

상15:7)

아사(=남)와 이스라엘 왕 바아사(=북) 사이에 일생 전쟁이 있으니라(왕상15:16)

한편 여로보암의 가장 큰 고민은 북왕국 이스라엘의 백성이 남쪽 유다로 넘어가지 못하도록 단속하는 것이었다. 한 하나님을 섬기는 종교 공동체인 이스라엘은 종교적 절기를 맞이하면 성전이 있는 곳을 찾아가야 하기 때문이다. 솔로몬이 건축한 성전은 분명 남유다 왕국의 수도 예루살렘에 자리 잡고 있었던 것이다.

(여로보암이) 그 마음에 스스로 이르기를 나라가 이제 다윗의 집으로 돌아가리로다 만일 이 백성이 예루살렘에 있는 여호와의 전에 제사를 드리고자 하여 올라가면 이 백성의 마음이 유다 왕된 그 주 르호보암에게로 돌아가서 나를 죽이고 유다 왕 르호보암에게로 돌아가리로다(왕상12:27)

이는 여로보암이 풀어야 할 가장 큰 당면 과제였다. 여로보암이 선택은 이스라엘의 하나님을 대신할 신과 그 신을 섬길 장소를 선택하는 것이었다.

이에 계획하고 두 금송아지를 만들고 무리에게 말하기를 너희가 다시는 예루살렘에 올라갈 것이 없도다 이스라엘아 이는 너희를 애굽 땅에서 인도하여 올린 너희 신이라

하고 하나는 벧엘에 두고 하나는 단에 둔지라(왕상12:28-29)

일찍이 그들의 역사에서 이미 금송아지가 등장했던 적이 있다. 출애굽 하던 이스라엘 백성이 시내 산에 머물러 있었을 때, 모세는 계명을 받기 위해 산 위로 올라가 오랫동안 모습을 보이지 않았고, 불안감에 휩싸인 이스라엘은 모세의 형이자 이스라엘의 첫 대제사장인 아론을 중심으로 금송아지를 주조하여 섬긴 일이 있었다. 후에 산에서 십계명 돌판을 내려온 모세는 이 일로 인하여 하나님 앞에 기도했지만, 결국 많은 사람들이 죽고야 말았다.

두 금송아지가 자리 잡은 벧엘과 단은 이후로 북이스라엘 왕국의 성소로 자리 잡는다. 신명기에 나타나는 이스라엘 신앙의 원칙 중 하나인 '예배 장소의 단일화' 즉 하나님께서 택하신 예루살렘 성전에서의 예배 원칙을 무너뜨리고야 만 것이다. 신명기사가는 이 일을 단호히 북이스라엘 왕국의 가장 큰 죄로 규정한다(왕상13: 30). 그리고 여로보암의 죄는 여기에서 끝나지 않았다.

저가 또 산당들을 짓고 레위 자손 아닌 보통 사람으로 제사장을 삼고 8월 곧 그달 15일로 절기를 정하여 유다의 절기와 비슷하게 하고 단에 올라가되 벧엘에서 그와 같이 행하여 그 만든 송아지에게 제사를 드렸으며 그 지은 산당의 제사장은 벧엘에서 세웠더라(왕상12:32)

여로보암이 지은 또 다른 죄는 가나안 혼합 종교의 우상이 되는 산당(high place)들을 지었다는 것과 이스라엘의 주요 종교 절기 중 하나인 초막절을 7월 15일에서 8월 15일로 바꾸었다는 것 그리고 북왕국 이스라엘의 종교 제의를 이끌어야 할 제사장들을 마음대로 세워 제사장 제도의 문란을 야기시켰다는 것이다. 이와 같이 잘못된 종교 생활은 북왕국이 멸망할 때까지 북왕국의 모든 왕들에 의해 단 한번도 고쳐 보려는 노력이 없었다. 왕조가 수차례나 바뀌었음에도 불구하고 북왕국의 모든 왕들은 여로보암이 지은 이 종교적 범죄에서 떠나지 않았다.

5

종교개혁의 주인공들

히스기야

남유다 왕국의 스무 명의 왕 중 여섯 명에게 내려지는 '여호와 보시기에 정직히 행하였다'는 나름대로의 좋은 평가가 북이스라엘의 19왕에게서는 그 누구에게도 내려지지 않는다는 사실은 남북왕국에 대한 신명기사가의 종교적 판단을 잘 보여 준다.

그런데 남왕국의 왕들 중에는 이 여섯 명에 대한 평가와는 비교가 되지 않을 만큼 최고의 평가를 받고 있는 왕이 둘 있다. 13번째 왕 히스기야와 16번째 왕 요시야가 바로 그들이다. 먼저 히스기야 왕에 대한 평가를 살펴보자.

히스기야가 그의 조상 다윗의 모든 행위와 같이 여호와

보시기에 정직하게 행하여 그가 여러 산당들을 제거하며 주상을 깨뜨리며 아세라 목상을 찍으며 모세가 만들었던 놋뱀을 이스라엘 자손이 이때까지 향하여 분향하므로 그것을 부수고 느후스단이라 일컬었더라 히스기야가 이스라엘 하나님 여호와를 의지하였는데 그의 전후 유다 여러 왕 중에 그러한 자가 없었으니(왕하18:3-4)

여기서 신명기사가는 히스기야 왕(주전 715-687년경)에 대해 '그의 전후 유다 여러 왕 중에 그러한 자'가 없었던 전무후무한 좋은 왕으로 평가하고 있다. 이는 히스기야가 펼쳤던 정치적, 종교적 개혁 때문이다.

히스기야의 종교개혁은 예루살렘 성전에서의 허용된 예배(=종교의 중앙성소화) 외에 다른 여러 종교적 관행의 축출을 포함하고 있었다. 이는 단순히 우상을 깨부수고 성전을 정화하는 것을 넘어서는 것이었다. 그것은 예루살렘 성전 밖에서 예배하던 장소까지도 파괴함을 의미했다. 그 예배가 비록 여호와 하나님을 향한 것이었다 할지라도 말이다. 당시 유다 왕국의 백성은 예루살렘 성전 외에도 다른 여러 지방 성소를 찾아가곤 했다. 지방 공동체에 있었던 이 예배 장소들을 바로 "산당(high places)"이라 한다. 이 산당들이 당시 남유다 왕국의 종교 생활에서 차지하고 있던 비중이 너무도 컸기 때문에 비교적 좋은 평가를 받는 왕들 마저도 이를 감히 제거하지는 못했던 것이다. 그러나 이 산당들은 우상숭배 내지는 종교적 혼합 주의의 온상 역할을 하고 있었다. 히스기야는 바로 이 산당들을 제거해 버렸다. 예루살렘 성전에서의 종교 중앙화를 촉진시켰다.

히스기야의 종교개혁에서는 이스라엘의 광야 여정 중에 나타나는 놋뱀에 대한 언급이 다시 나온다. 민수기 21장에는 모세를 필두로 가나안을 향해 진군하던 이스라엘 백성이 불평과 불순종으로 하나님의 진노를 사고, 그로 인해 불뱀에 물려 죽게 되는 이야기가 나온다. 그때 하나님은 모세에게 놋뱀을 만들게 하고, 그 놋뱀을 긴 장대 끝에 매달게 했고, 불뱀에 물린 사람들이 이 놋뱀을 쳐다보면 생명을 건질 수 있었다는 이야기가 나온다. 모세가 직접 만들었던 바로 그 놋뱀이 히스기야 시대까지 보존되어 전해 왔다. 그러나 히스기야 당시 그 놋뱀 마저 이스라엘 백성들은 일종의 우상으로 섬기고 있었다. 한때 하나님이 이스라엘을 구원하기 위해 사용하셨던 바로 그 놋뱀 마저도 우상으로 전락해 버리고 말았을 때, 히스기야는 이마저도 다른 우상들과 함께 영원히 제거해 버리고 만다. 바로 이런 점에서 히스기야의 종교개혁은 이전에 있었던 다른 어떤 왕들의 개혁과는 비교가 되지 않는 개혁이었던 것이다.

그러나 히스기야가 죽고 난 후 그의 아들과 손자였던 므낫세와 아몬은 히스기야의 길을 따르지 않았다. 앗시리아의 강요나 내부의 압력 때문인지 아니면 자신들의 종교적 확신 때문에서였는지, 이 두 왕은 히스기야 왕이 제거했던 우상들을 다시 받아들이고 예루살렘 성전에 이방인의 신상을 세웠다. 히스기야가 애써 없앴던 산당들을 다시 재건했고, 이로써 히스기야 왕의 종교 중앙화는 막을 내리게 되었다.

요시야

히스기야 왕의 정치, 종교적 개혁은 므낫세와 아몬으로 인해 영원히 실패로 돌아간 듯 했다. 히스기야의 뒤를 이은 므낫세는 55년간을 왕으로 치리했다. 치리 기간이 가장 길었던 왕이다. 그러나 그는 신명기 역사가에 의해 가장 악했던 왕으로 평가받는 왕이다. 그 이유는 히스기야가 이룩한 모든 종교개혁을 물거품으로 만들고, 유다 왕국을 다시 혼합 종교의 온상으로 만들었기 때문이다. 므낫세의 악한 정치는 아들 아몬에게까지 이어진다. 아몬은 스물두 살의 나이에 왕이 되었고 스물네 살에 암살당했다. 그 뒤를 이어 아몬의 아들 요시야가 유다의 왕이 되었는데, 이때 요시야의 나이는 여덟 살이었다. 신명기사가는 이 요시야에 대해 또 한번의 극찬을 아끼지 않는다.

> 요시야가 여호와 보시기에 정직히 행하여 그의 조상 다윗의 모든 길로 행하고 좌우로 치우치지 아니하였더라(왕하 22:2)
>
> 요시야와 같이 마음을 다하며 뜻을 다하여 모세의 모든 율법을 따라 여호와께로 돌이킨 왕은 요시야 전에도 후에도 그와 같은 자가 없었더라(왕하23:25)

이미 살펴본 대로 신명기사가는 히스기야 왕에 대해 '그의 전의 유다 여러 왕 중에 그러한 자'가 없었던 왕이라고 극찬한 바 있다. 그런데 지금 히스기야 이후 요시야가 이와 같은 평가를 받고 있다. 왜 이 둘 모두를 최상급으로 표현하고 있을까? 또한 열왕기하에서는 요시야에 대한 언급이 히스기야에 대한 언급보다 많은 반면, 역대기 역사서에서는 요시야 보다 히스기야에 대한 언급이 더 많다. 이는 히스기야 왕에 대해 기록한 사람과 요시야 왕에 대해 기록한 사람이 다르기 때문이다. 서로 다른 저자의 기록을 신명기 역사서의 최종 편집자는 둘 다 보존하여 남겨 두었던 것이다. 이는 창세기에 등장하는 창조기사가 둘인 것과 노아의 방주에 들어간 동물의 숫자가 서로 다르게 나타나는 점, 야곱이 이스라엘이라는 이름으로 바뀌게 된 배경 이야기가 서로 다른 점 등과 마찬가지로 이해할 수 있다.

증조부 히스기야처럼 요시야도 종교개혁을 펼쳤다. 히스기야처럼 우상을 부수고, 성전을 정화하고, 북왕국 이스라엘이 패망한 주전 722년 이전 이스라엘 왕국의 영토였던 곳으로 자신의 영향력을 확장시켰다. 히스기야처럼 종교를 예루살렘에 집중시켰다. 지방의 산당들은 또다시 파괴되었다. 백성은 희생 제물을 성전의 중앙 제단에까지 가지고 와야 했다. 모든 산당에서 온 제사장들은 성전 제사장 곁에서 한 차원 낮은 등급의 일을 수행하기 위해 예루살렘으로 불려 왔다.

요시야로 하여금 종교개혁을 일으키게 한 결정적인 사건은 소위 '율법책의 발견'이라는 사건이다. 요시야 통치 18년, 즉 주전

622년에 서기관 사반이 요시야에게 제사장 힐기야가 야웨의 성전에서 "율법 두루마리"를 발견했다고 보고한다.

> 대제사장 힐기야가 서기관 사반에게 이르되 내가 여호와의 성전에서 율법책을 발견하였노라 하고 힐기야가 사반에게 주니 사반이 읽으니라(왕하22:8)

힐기야가 발견한 이 책의 본문을 사반이 왕에게 들려 주었을 때, 요시야 왕은 자신의 옷을 찢었다. 옷을 찢는다는 것은 고대 근동에서 극심한 고뇌의 표현이고 특히 성서는 회개의 표현으로 묘사한다. 요시야는 한 여선지자에게 율법의 의미를 물었고, 하나님과 백성 사이의 율법 재개를 위한 범국민적인 의식을 열었다. 한 성서 자료에 따르면, 요시야가 산당을 파괴한 것은 이 책을 읽은 다음이었다고 한다. 요시야는 또한 여로보암 왕이 세운 두 황금 송아지 중 하나가 세워져 있던 곳인 벧엘의 제단을 파괴했다. 이 종교적 행위는 정치적인 행위이기도 했다. 이는 옛 이스라엘 땅에 대한 유다 왕의 관심을 극명히 드러내는 것이다. 이 책은 도대체 무엇이었을까? 왜 그 책이 종교적인 개혁을 고무시켰을까? 대부분의 구약학자들은 이 때 발견된 율법책이 바로 지금의 신명기의 근간이 되는 원신명기(Proto Deuteronomy)라고 보고 있다.

요시야의 종교개혁은 므낫세와 아몬이 원점으로 돌려 버린 히스기야의 종교개혁을 회복시키는 것 이상이었다. 신명기사가는 히스기야의 종교개혁과는 비교되지 않을 만큼 긴 분량의 종교개혁 이야기(왕하23:127)를 요시야에게 돌리고 있다. 그러나 이 훌륭했던 요시야 왕의 마지막은 허무하기 그지없다.

> 요시야 당시에 애굽의 왕 바로 느고가 앗수르 왕을 치고자 하여 유브라데 강으로 올라가므로 요시야 왕이 맞서 나갔더니 애굽 왕이 요시야를 므깃도에서 만났을 때에 죽인지라(왕하23:29)

요시야 당시 애굽(=이집트)은 신흥 바빌론과 그외 여러 세력에 대항하여 오랜 라이벌인 앗시리아와 동맹 관계를 맺고 있었다. 주전 609년, 애굽 군대가 앗시리아를 지원하기 위해 유다 지역을 지나갈 때, 요시야는 므깃도에서 애굽 인들과 맞서기 위해 출전했다가 한 애굽 인의 화살에 전사한다. 그때 그의 나이 겨우 40이었다. 요시야가 강대국 애굽의 군대와 맞서 싸우려했던 것은 애굽의 군대가 므깃도를 지나가려 했기 때문이다. 므깃도는 이스라엘의 곡창지대인 이스르엘 평원에 자리 잡은 군사적 요충지였다. 자칫 지나가는 애굽 군대에게 므깃도를 빼앗긴다면 요시야로서는 가장 중요한 도시 하나를 잃는 것이 아니라 이스르엘 평원 전체를 잃는 것과 마찬가지였다. 신약성서의 요한계시록에 나오는 '아마겟돈'은 '므깃도 언덕'이라는 뜻이다. 구약시대 이후로 므깃도는 늘 군사적 요충지였으며 마지막 전쟁터의 대명사로 사용되곤 한다.

4

신약에서 만나는 리더십

1. 사랑의 사람, 예수
2. 사랑을 확장하는 사람, 바울
3. 진리의 수호자, 요한
4. 실천적 리더, 야고보
5. 열정의 사람, 베드로

1 사랑의 사람, 예수

예수의 리더십을 한 마디로 정의하기는 힘들다. 그래서 우리는 복음서마다 나타난 예수의 모습을 통하여 리더로서의 모습을 구체화하려고 한다. 그래도 서론적으로 예수의 리더십을 정리할 필요는 있다. 무엇보다 예수라는 리더 주위에는 리더들이 많이 생겼다. 이것이 특징이다. 이것은 위임을 잘한 리더로 예수를 등극하게 한다.

먼저 예수 같은 리더는 포기할 것을 정한다. 무언가를 다른 리더들에게 물려줄 것이 있기 위해 먼저 내 삶에서 포기할 것이 무엇인지 결정하여야 한다. 그 다음 권세를 물려주어야 할 때 물려주려면 위임하는 과정의 주도권은 리더가 쥐어야 한다. 그리고 리더인 우리의 목적을 각각의 사람들이 모두 알 수 있도록 하여야 한다. 인간들은 조급하기도 하고, 야망을 품기도 하고, 물질을 숭배하기도 한다. 이러한 인간들 속에서 권세가 잘 위임되려면, 이러한 인간의 다양성 속에서 리더의 목적을 모두 알 수 있도록 잘 설명하여야 한다. 결국 권세를 잘 넘길 수 있도록 리더는 준비하여야 한다.

예수는 자신의 가르치는 권세를 잘 위임하기 위해 가르치기도 하였고, 와서 볼 수 있는 모범적인 시연을 하기도 하였다. 그 다음 예수는 자신이 가르친 것들을 제자들이 자신들의 경험을 통하여 구체화할 수 있도록 하였다. 예수는 그러한 제자들의 발전에 대해 늘 평가하였다.

진정한 리더는 자신이 없을 때에도 공동체가 발전할 수 있게 하는 사람이다. 우리는 인생을 살면서 꼭 필요한 사람이 되려고 한다. 인생을 살면서 꼭 없어져야 할 사람으로 살고 싶지는 않을 것이다. 그러나 우리가 진정한 리더가 되려면 있으나 마나 한 사람으로 은퇴하여야 한다. 그 사람이 있으나 마나 그 집단이 잘 돌아갈 수 있어야 그 사람이 진정 리더이다. 예수는 그런 리더였다.

마가복음에 나타난 예수의 리더십

> "마가가 고백한 예수를 묘사하는 지배적인 전망은 수난이며, 특히 하나님의 아들의 수난이다."

마가는 "하나님의 아들, 예수 그리스도 복음의 시작"이라는 마가의 소개(막1:1)에서 간결하게 예수가 세상에서 베풀 사역의 내용을 설명하고 있다. 마가복음 1장 1절부터 8장 29절에 "주는 그리스도시니이다"라는 베드로의 고백에 이르기까지 전반부에서 예수는 기적 수행가로 등장한다. 그러나 전혀 다른 예수의 모습이 8장 29절부터 15장 39절 로마 백부장의 "이 사람은 진실로 하나님의 아들이었도다"라는 고백에 이르는 후반부에 등장한다. 후반부에서 예수는 수난 감내자로 등장한다. 마가복음 5장에서 죽은 야이로의 딸을 살릴 정도로 마가의 예수는 능력자로 등장한다.

> 그 아이의 손을 잡고 이르시되 달리다굼 하시니 번역하면 곧 내가 네게 말하노니 소녀야 일어나라 하심이라 소녀가 곧 일어나서 걸으니 나이가 열두 살이라 사람들이 곧 크게 놀라고 놀라거늘 예수께서 이 일을 아무도 알지 못하게 하라고 그들을 많이 경계하시고 이에 소녀에게 먹을 것을 주라 하시니라(막5:41-43)

그런데 그 능력을 자신의 수난에는 사용하지 않는다. 그는 자신의 능력으로 지금 당하고 있는 수난을 충분히 벗어날 수 있었다. 그러나 그 능력을 자신이 감당하여야 할 사명인 십자가의 수난에는 사용하지 않는다. 자신을 구할 능력이 있었음에도 불구하고 자신이 지금 당하는 수난에는 사용하지 않는 방식으로 예수는 세상을 구원하였다. 세상을 구하는 진정한 리더십은 능력을 갖추고 그 능력을 자신에게 사용하지 않는 섬김을 통해 구체화될 수 있다. 진정한 섬김은 리더를 리더 되게 하는 중요한 품목이다. 마가의 예수는 잡혀서 넘겨진 자이다.

> 요한이 잡힌 후 예수께서 갈릴리에 오셔서 하나님의 복음을 전파하여(막1:14)
> 이는 제자들을 가르치시며 또 인자가 사람들의 손에 넘겨져 죽임을 당하고 죽은 지 3일만에 살아나리라는 것을 말씀하셨기 때문이더라(막9:31)

마가복음은 "잡히다"라는 동사와 "전파하다"라는 동사를 적절히 배치시키고 있다. 세례 요한은 복음을 증거하고 넘겨진다(1:4-14). 예수는 복음을 증거하고 넘겨진다(1:14; 9:31). 크리스챤이 복음을 전파하고 넘겨진다(13:9-10). 이것은 세례 요한과 예수, 예수의 추종자들이 모두 같은 운명에 처할 것을 예감하게 해 준다. 리더를 세우는 중요한 내용은 무엇인가? 그것은 사명(mission)이라는 주제이다. 그 일을 하면 편안해 질 수 없으며 고생스러울 것을 알면서도 그 일을 할 수밖에 없는 것, 그것이 사명이다. 사명 중심의 인생을 사는 자들이 리더들이다. 우리가 세상을 사는 이유이기도 한 사명은 인생의 목적이라고도 할 수 있다. 오늘 하루를 사는 이유로부터 인생의 목적으로, 그리고 사명으로 점차 우리의 생각을 진전시켜 이 시대를 사는 리더로서 나의 사명은 무엇인가를 고민하는 일은 상당한 의미가 있는 일이다.

마가의 예수는 하나님의 나라를 첫 선포의 내용으로 삼은 자이다(막1:14-15). "요한이 잡힌 후 예수께서 갈릴리에 오셔서 하나님의 복음을 전파하여 가라사대 때가 찼고 하나님의 나라가 가까왔으니 회개하고 복음을 믿으라 하시더라(막1:14-15)" '나라'라는 말은 '통치, 지배'를 뜻한다. 하나님의 나라는 공간개념이기 보다는 시간개념이다(겨자씨의 비유, 막4:30-32). "하나님 나라의 비밀을 너희에게 주었으나, 외인에게는 모든 것을 수수께끼로 하니, 이는 저희가 보기는 보아도 알아듣지 못하며 듣기는 들어도 깨닫지 못하게 하여 돌이켜 죄 사함을 얻지 못하게 하려는 것이다(막4:11-12)." 하나님 나라의 비밀은 내부인에게만 한정된다. 진정한 섬김의 리더라고 해서 자기주장이 분명하지 않은 사람은 아니다. 섬기는 자는 어쩌면 가장 강한 메시지를 가지고 있는 사람일 것이다. 리더에게 중요한 두 번째는 그의 분명한 주장(message)이다. 누가 뭐라고 해도 이것만큼 포기할 수 없다고 외칠 수 있는 자기주장이 있어야 리더이다.

마가의 예수는 천대 받던 지역과 사람들을 사랑하는 자이다. 마가는 예수의 활동이 '갈릴리'에서 시작하는 것으로 보도한다. 마가는 천대 받던 지역인 갈릴리가 예수의 주 활동 무대라고 못박는다. 마가는 찬양 받던 예루살렘과 천대 받던 갈릴리를 역전시킨다. 마가의 예수는 갈릴리에서 제자들을 선택한다(막1:16 이하). 그는 갈릴리의 한 도시인 가버나움에서 가르친다(막1:21 이하). 그는 "온 갈릴리로 다니며" 귀신을 내어 쫓는다(막1:39). 그는 문둥병자와 중풍병자도 갈릴리에서 고친다(막1:40 이하; 2:1 이하). 그는 무리들을 가르치기 위해서 빈번하게 갈릴리 호수가로 간다 "유다와 예루살렘과 또 두로와 시돈 근처에서 허다한 무리가 그의 하신 일을 듣고 나아왔다(막3:8)"는 언급은 예루살렘이 중심이었던 전통적인 종말사상(사2:1-4; 슥8:21-23)을 거부하는 그의 모습을 드러낸다. "예수가 다시 두로 지방에서 나와 시돈을 지나고 데가볼리 지경을 통과하여 갈릴리 호수에 이르렀다(막7:31)"는 언급은 마가의 예수는 갈릴리를 떠났다가도 다시 갈릴리로 돌아올 정도로 갈릴리 중심적이었음을 알려 준다. "내가 살아난 후에 너희보다 먼저 갈릴리로 갈 것이다(막14:28)"는 말씀은 예고인데, 이 예고대로 마가복음 16장 7절에서 예수는 갈릴리로 가셨음을 통고한다. 마가의 예수는 갈릴리에서 활동을 시작하고, 갈릴리에서 활동을 마칠 정도로 갈릴리 지향적이었다.

> 무리가 예수를 둘러 앉았다가 여짜오되 보소서 당신의 모친과 동생들과 누이들이 밖에서 찾나이다 대답하시되 누가 내 모친이며 동생들이냐 하시고 둘러앉은 자들을 둘러보시며 가라사대 내 모친과 동생들을 보라 누구든지 하나님의 뜻대로 하는 자는 내 형제요 자매요 모친이다(막3:32-35)

이 구절에 따르면, 예수의 말씀을 듣고 하나님의 뜻대로 행하는 자가 예수의 가족이 된다. 여기서 말씀을 실제로 듣고 있는 사람들은 갈릴리 사람들이었다. 마가의 예수는 예루살렘 지도층으로부터 치욕적으로 이름 붙여진 '죄인들'의 이익을 대변하는 자이다. "나는 의인을 부르러 온 것이 아니요 죄인을 부르러 왔다(막 2:17)"는 언급은 기존 사회로부터 소외된 소위 죄인으로 취급당하는 자들, 곧 갈릴리 사람들에 대한 무한한 애정을 담고 있다. 진정 섬기는 리더는 소외된 지역과 사람들에 대한 남다른 애정을 그 특징으로 소유하고 있다. 인간 사랑을 소유하지 않고 리더가 되는 것은 리더 자신뿐만 아니라, 그 리더를 따르는 많은 팔로워들에게도 비극이다. 리더라면 소외된 사람들과 함께 살며, 사랑하는 것을 그 내용으로 삼고 있어야 할 것이다.

마가의 예수는 반 예루살렘 사상을 가지고 있었다. 마가복음 3장 22절에 "예루살렘에서 내려온 서기관들"은 예수를 귀신 들린 자로 간주했다. 이에 예수는 "사단이 어찌 사단을 내어 쫓을 수 있는가"라고 반격한다. 마가는 예수의 십자가 처형의 일차적인 책임이 유대인들에게 있었음을 분명히 밝힌다.

> 보라 우리가 예루살렘에 올라가노니 인자가 대제사장들과 서기관들에게 넘기우매 저희가 죽이기로 결안하고 이방인에게 넘겨 줄 것이다(막10:33)

마가의 예수는 예루살렘 성전을 강도의 소굴로 만들어 성전에서 영업 행위를 하도록 만든 예루살렘 종교지도자와 서기관을 강도라고 언급한다(막11:15-18). 이미 강도의 소굴이 된 예루살렘 성전은 철저히 파괴될 것이다. 섬김의 리더는 군림의 문화가 지배하는 모든 장소에 대해 상당한 저항력을 소유하고 있다. 예루살렘이라는 도시가 선민의식을 특권화 하여 서민들에게 군림하기를 시작하자, 섬김의 리더인 예수는 철저하게 예루살렘의 파괴를 예언하고, 반 예루살렘이라는 입장을 분명하게 갖춘다. 섬김은 군림과 공존할 수 없는 리더십의 내용이다. 마가의 예수는 수난과 처형에 이르는 길을 걷는 자이다.

> 인자가 많은 고난을 받고 장로들과 대제사장들과 서기관들에게 버린 바 되어 죽임을 당하고 사흘 만에 살아나야 할 것을 비로소 그들에게 가르치시되 드러내 놓고 이 말씀을 하시니 베드로가 예수를 붙들고 항변하매 예수께서 돌이키사 제자들을 보시며 베드로를 꾸짖어 이르시되 사탄아 내 뒤로 물러가라 네가 하나님의 일을 생각하지 아니하고 도리어 사람의 일을 생각하는도다 하시고(막8:31-33)

마가복음 8장 29절에서 주가 그리스도이심을 고백한 베드로는 예수가 걸어가야 할 수난의 길을 막고 난 뒤, 사탄으로 지목 당한다. 예수의 수난 지향적인 길과 베드로의 영광 지향적인 길은 서로 양립할 수 없다. 두 번째 수난 예고 때 제자들은 "서로 누가 크냐(막9:33 이하)"라는 문제로 다투며 여전히 영광의 길을 걷는다. 세 번째 수난 예고(막10:33)에서 야고보와 요한은 예수에게 "주의 영광 중에 우리를 하나는 우편에 하나는 좌편에 앉게 하여 주옵소서(막10:38)"라고 말한다. 이에 대해 다른 제자들은 시기한다(막

10:41). 세력 다툼에 빠져 있던 제자들은 십자가의 고난의 길을 걷고 있는 예수로부터 도망하고, 베드로는 부인하고 가룟 유다는 배반한다.

섬김의 리더는 스스로 어려운 길을 선택한다. 안전과 편안이 아니라, 도전과 평안을 추구하기에 현실적으로 어려운 길을 선택하여 굳건한 자세로 그 길을 가는 자가 리더이다. 우리는 현실의 안일을 추구하느라고 어쩌면 단 한 발자국도 나아가지 못하는 인생을 살고 있는 것은 아닌가? 인생의 목적이 설정되면 비록 그 길이 다른 사람이 가지 않는 길일지라도 가야 하는 사람이 리더이다. 우리가 인생을 살면서 추구하는 것이 출세인가? 그렇다면 우리는 리더가 아니다. 그러나 우리는 마지막 순간까지 같은 걸음으로 인생을 걸어가면서 영광스러운 사람이 되고자 하는가? 그는 리더이다. 진정한 영광은 수난의 길을 통과하여야만 열리는 열매와도 같다. 마가의 예수는 성전을 건물이 아니라, 믿음, 기도, 용서로 이해하는 자이다.

> 내가 진실로 너희에게 이르노니 누구든지 이 산더러 들리어 바다에 던져지라 하며 그 말하는 것이 이루어질 줄 믿고 마음에 의심하지 아니하면 그대로 되리라 그러므로 내가 너희에게 말하노니 무엇이든지 기도하고 구하는 것은 받은 줄로 믿으라 그리하면 너희에게 그대로 되리라 서서 기도할 때에 아무에게나 혐의가 있거든 용서하라 그리하여야 하늘에 계신 너희 아버지께서도 너희 허물을 사하여

주시리라 하시니라(막11:23-25)

눈에 보이는 성전은 지금 눈에 보이는 뿌리째 말라 버린 무화과나무와 같으며, 더 중요한 성전의 내용은 믿음, 기도, 용서라는 사실을 주장하는 자가 마가의 예수이다. "아무나 기구를 가지고 성전 안으로 지나다님을 허락지 아니하셨다(11:16)"는 언급은 성전의 제사 기능도 중지시키는 예수의 모습을 나타낸다. 성전의 휘장이 맨 꼭대기로부터 맨 아래까지 둘로 찢어진 사건은 이제 더 이상 어떤 인간이라도 하나님과 하나님의 백성 사이를 매개할 수 없다고 하는 상징이다. 이것은 성전 안에서의 제사장들의 기능도 끝장낸 예수의 모습을 보여 준다. 진정한 리더로서 예수는 눈에 보이는 것보다 눈에 보이지 않는 것에 더욱 집중하고 있다. 리더라면 사람이나, 구조, 그리고 눈에 보이는 모든 것 속에서 눈에 보이지 않는 것을 볼 수 있어야 한다. 사람이나, 어떤 공동체를 지금의 모습으로 판단하지 않으며, 미래의 가능성을 보고 판단하는 능력은 리더에게 필수적인 시각이라 할 수 있다. 마가의 예수는 최후 승리를 이루어 내는 자이다.

예수를 향하여 섰던 백부장이 그렇게 숨지심을 보고 이르되 이 사람은 진실로 하나님의 아들이었도다 하더라(막15:39)

로마 백부장은 예수의 십자가 처형을 진두지휘한 장교이다.

그는 예수가 십자가에서 "나의 하나님, 나의 하나님 어찌하여 나를 버리셨나이까?"하고 외치며 죽는 모습을 보면서, "이 사람은 진실로 하나님의 아들이었도다"하고 고백한다. 사형을 집행한 사람은 뭔가 개운치 않는 느낌을 처형당한 자로부터 받는다. 마지막 처형까지도 한 인간 로마 백부장을 변화시키기 위한 예수의 삶의 사명이었다. 결국 십자가 처형으로 강력한 메시지를 말하고 있는 예수의 모습을 통해 로마 백부장은 하나님의 아들이라고 하는 상당히 중요한 예수님의 모습을 감지한다. 이것이 수난 속에 깃든 예수의 영광이다. 로마를 대변하는 백부장이 사형을 집행한 후, 고백하는 장면은 결국 로마 백부장의 패배, 죽임당한 예수의 승리를 구체적으로 드러내는 모습이다. 죽임 당함으로 이기는 삶이 섬김의 리더에게 요구된다. 늘 희생하다가 죽임당한 리더의 모습은 그가 살았을 때보다 사람들은 더 크게 소동하며, 더 크게 영향을 받게 한다.

요한복음에 나타난 예수의 리더십

> "요한이 고백한 예수의 지배적인 전망은 예수님은 하나님의 아들이자, 하나님의 실체 모습이라는 것이다"

요한복음에서 예수는 "육신이 된 영광의 주"로 나타난다. 요한의 예수는 말씀이 육신이 된 자이다

> 말씀이 육신이 되어 우리 가운데 거하시매 우리가 그의 영광을 보니 아버지의 독생자의 영광이요 은혜와 진리가 충만하더라(요1:14)

이것은 하나님이 인간이 되었다는 뜻이다. 가장 높은 하늘에 있던 분이 이 세상의 인간 되어 지위 하락을 경험하였다는 의미이다. 이것은 자기 헌신이며, 자기희생이다. "말씀이 육신이 된 자"는 "우리 가운데 거하신다". 이것은 우리가 공동체를 위하여 자기희생과 헌신을 견뎌 내야 할 사람들임을 알려 준다. 가장 영적인 리더는 자신이 스스로 낮아지는 것을 기뻐한다. 자신의 영광을 박탈당하는 경험은 그 리더를 더욱 영적인 사람일 수 있게 한다. 영적인 리더는 구체적인 사랑의 실천자이다. "내가 네가 되는" 사랑이 말씀이 육신이 되는 사건에 내포되어 있는 의미이다. 리더에게 감정이입과 입장 바꾸기는 필수 품목이다. 다른 사람의 고통에 민감하게 반응하는 자가 리더이다. 너의 고통을 나의 고통으로 인식하는 마음이 리더의 마음이다.

요한의 예수는 표적을 통하여 그 이름을 믿게 한다. 요한복음 2장은 물이 포도주로 변하는 표적인 물로 상징되는 유대교의 시대는 가고 포도주로 상징되는 예수의 시대, 교회의 시대가 왔음을 선포한다.

> 사흘째 되던 날 갈릴리 가나에 혼례가 있어 예수의 어머니도 거기 계시고 예수와 그 제자들도 혼례에 청함을 받

았더니 포도주가 떨어진지라 예수의 어머니가 예수에게 이르되 저들에게 포도주가 없다 하니 예수께서 이르시되 여자여 나와 무슨 상관이 있나이까 내 때가 아직 이르지 아니하였나이다 그의 어머니가 하인들에게 이르되 너희에게 무슨 말씀을 하시든지 그대로 하라 하니라 거기에 유대인의 정결 예식을 따라 두세 통 드는 돌항아리 여섯이 놓였는지라 예수께서 그들에게 이르시되 항아리에 물을 채우라 하신즉 아귀까지 채우니 이제는 떠서 연회장에게 갖다 주라 하시매 갖다 주었더니 연회장은 물로 된 포도주를 맛보고도 어디서 났는지 알지 못하되 물 떠온 하인들은 알더라 연회장이 신랑을 불러 말하되 사람마다 먼저 좋은 포도주를 내고 취한 후에 낮은 것을 내거늘 그대는 지금까지 좋은 포도주를 두었도다 하니라 예수께서 이 첫 표적을 갈릴리 가나에서 행하여 그의 영광을 나타내시매 제자들이 그를 믿으니라(요2:1-11)

요한복음 4장 46-53절에 등장하는 왕의 신하의 아들을 고치시는 표적은 죽음을 생명으로 대치하는 예수의 능력을 보여 준다. 영적인 리더들은 죽은 것들을 살리는 능력을 소유하고 있다. 요한복음 5장 1-18절에 등장하는 베데스다 연못가의 38년 된 병자에게 "네 자리를 들고 걸어가라"는 언급은 베데스다 연못물의 동함이 아니어도 병은 치유될 수 있음을 보여 준다. 영적인 리더는 전통을 극복한다. 전통에 매여서 끌려다니는 사람은 리더가 될 수 없다. 영적인 리더는 전통을 재해석한다. 그리고 결국 그 전통을 넘어선다. 베데스다 연못을 방문한 예수는 연못물이 움직이기를 기다리는 사람들을 책망하지 않는다. 그는 그 전통도 존중한다. 그러나 그 전통과는 다른 길도 제시한다. 단지 자신의 명령 한 마디로 38년을 누워있던 사람이 일어날 수 있음을 보여 준다. 이러한 모습이 영적인 리더의 특징이다.

요한복음 9장 1-41절에서 예수는 날 때부터 소경된 자를 고친다. 이는 어둠 가운데 있는 사람들에게 "세상의 빛(요9:5)"으로 오신 예수의 모습을 드러낸다. 영적인 리더는 영적인 무지를 깨우치게 하는 사람들이다. 그들은 빛을 향하여 살아가는 사람들이며, 빛을 증거하는 사람들이다.

요한복음 6장 1-15절에 등장하는 5,000명을 먹이는 급식 표적은 예수를 생명의 떡을 공급하는 자로 부각시킨다. 영적인 리더는 모든 것을 영생이라는 관점으로 보며, 영생의 양식을 공급하는 자이다.

요한복음 6장 16-21절에 두드러지는 물위를 걷는 표적은 예수의 신적인 권능을 강조한다. "나다 두려워 말라(요6:20)"는 언급은 하나님의 이름(나는 나다)을 기억나게 만들며(출3:14), 자연까지도 통제하는 예수의 신적 권능을 강조하려는 것이다. 영적인 리더는 환경을 통제하는 능력을 가지고 있다.

요한복음 11장 4-44절에 등장하는 죽은 나사로를 소생하게 하는 표적은 인간의 피할 수 없는 적인 죽음을 통제하는 예수를 드러낸다. 예수 자신이 부활이요 생명이다(11:25). 요한복음의 기록 목적을 분명하게 서술하고 있는 요한복음 20장 30-31절에서 "이것을 너희에게 기록함은 너희로 예수께서 하나님의 아들 그리스도이심을 믿게 하려 함이요, 또 너희로 믿고 그 이름을 힘입어 생명을 얻게 하려는 것이다"라고 말한다. 영적인 리더는 인간의 가장 큰 장애물인 죽음을 극복할 수 있는 길을 제시하는 사람이다.

요한의 예수는 '평화'를 주는 자이다(요14:37). 우리에게 평화가 없는 이유는 무엇인가? 그것은 우리의 이중성 때문이다. 우리는 일정한 가면을 쓰고 인생을 산다. 이중적인 가면을 가지고 살아가는 인생에게 있어서 진정한 평화는 없다. 우리가 추구하는 것이 '편안'이라면 우리에게 평안은 없다. 우리는 이제 평안을 추구하는 삶을 살아가야 할 것이다. 지금 우리가 그토록 소유하고 싶어 하는 조건들은 우리에게 평안을 줄 수 없다. 그것들은 단지 우리를 편안하게 할 뿐이다. 편안은 결국 우리를 망하게 할 것이다. 편안은 우리를 편리하게 살게 만들어 줄 수는 있다. 그러나 편리하게 사는 것이 곧 행복은 아니다. 요한의 예수는 영적인 리더로서 인간들에게 평화를 준다. 그는 조건이 아니라, 본질을 보는 눈을 우리에게 준다. 이것이 우리로 평화의 사람이 되게 하는 능력이다. 팍스 로마나(Pax Romana)가 아니라, 팍스 크리스티(Pax Christi)가 우리가 추구하여야 할 인생의 방향이다.

요한의 예수는 말로만 사랑을 외치는 자들을 경계하는 자이다(요14:15). "너희가 나를 사랑하면 내 계명을 지킬 것이다"는 언급은 사랑에는 책임이 동반되며, 사랑은 감정적인 것만이 아님을 알려 준다. 사랑은 책임적인 행동이어야 한다. 진정 영적인 리더는 사람들을 사랑하고 사랑하는 사람들을 위하여 행동하기를 주저하지 않는다. 사랑의 실천이 결국 영혼도 감동하게 하는 힘이다.

요한의 예수는 "서로 사랑"을 강조하는 자이다(요13:34). 가장 영적인 리더는 가장 사랑이 풍부한 사람이다. 서로 사랑은 사랑하는 대상 안에 거하는 것을 의미하며, 이것을 요한복음은 "상호 거주"라고 설명한다. "네가 내 안에 내가 네 안에 거하는 것"이 진정한 "서로 사랑"이다.

요한의 예수는 세상을 이긴 자이다(요16:33). "너희가 세상에서 시련을 당할 것이나 담대하라 내가 세상을 이겼노라" 이미 세상에 통속적으로 통용되고 있는 가치관 중 무비판적으로 수용한 것들을 다시 생각해 보아야 한다. "돈이면 다 돼"라는 생각과 싸워 볼 필요가 있다. 돈으로 안 되는 일들이 얼마나 많은가? 돈은 우리를 편안하게 한다. 그러나 그것으로 모든 것을 다 할 수는 없다. "더 높아져야 해"라는 세상적인 사고방식도 우리가 검토하여야 한다. 높이가 우선인가? 아니면 깊이나, 넓이가 우선인가? "외모가 예쁘면 모든 것이 통해"라는 생각과도 한번 싸워 볼 만하다. 놀랍게도 세상은 외모에 모든 것을 거는 이상한 흐름으로 가고 있다. 인간을 고려할 때 그 내용을 생각해 보는 여유는 필요하지 않나? 영적인 리더는 외모보다는 내용에 집중할 줄 안다.

요한의 예수는 하나님이다. "아버지께서 아들에게 주신 모든 사람에게 영생을 주게 하시려고 만민을 다스리는 권세를 아들에게 주셨기 때문이다(요17:2)." 아버지의 권세인 만민을 다스리는 권세가 아들에게 위임되었다.

> 아버지께서 내게 하라고 주신 일을 내가 이루어 아버지를 이 세상에서 영화롭게 하였사오니 아버지여 창세 전에 내가 아버지와 함께 가졌던 영화로써 지금도 아버지와 함께 나를 영화롭게 하옵소서(요17:4-5)

우리가 예수와 하나가 되면 영광을 회복하게 된다. 우리는 세상에 나가 출세하려고 살고 있지 않으며, 예수님 안에 들어가서 영광을 획득하려고 인생을 산다. 요한의 예수는 이미 우리에게 제한성 속에 초월성이 숨어 있음을 알려 주고 있다. 인간이 어떻게 하나님의 수준에 이를 수 있는지 그 길을 제시하고 있다. 인간의 상승적 발전을 가능하게 하는 리더가 영적인 리더이다.

마태복음에 나타난 예수의 리더십

> "마태가 고백한 예수에 대한 지배적인 전망은 권위이며, 특히 가르치는 자로서의 권위이다."

마태의 예수는 유대교를 넘어서는 자이다. "예수께서 말씀을 마치시매"라는 다섯 번의 일정한 형식 어구를 통해 마태는 자신의 복음서를 구성한다(마3:1-7:29; 8:1-10:42; 11:1-13:52; 13:53- 18:35,

19:1-25:46). 이것은 모세오경이라는 유대교의 근간이 되는 경전을 넘어서며 모세를 넘어서는 자로 예수를 소개하려는 마태의 의도를 반영한다. 진정한 권위를 지닌 교사로서의 리더는 기존의 가르침을 넘어설 수 있어야 한다. 기존의 유대교라는 기준을 넘어설 수 있을 때 새로운 교훈이 가능하며, 교사의 권위가 생긴다. 진정한 교육적 리더인 예수에게 필요한 품목은 창의성이다. 세상적인 교훈을 새롭게 볼 수 있는 능력이 리더십이다. 세상의 소리를 무비판적으로 동의하면 우리는 리더가 될 수 없다. 세상의 언어를 이제 우리는 새롭게 해석하려는 노력을 기울여야 한다.

마태의 예수는 율법을 넘어서는 자이다. "옛 사람에게 말해진 바…라는 것을 너희는 들었으나 나는 너희에게 말한다(마5:21-22, 31-32, 33-34, 38-39, 43-44)." 이 구절들은 예수의 말씀이 모세의 말 보다 뛰어남을 드러낸다. 살인, 예배 행위, 간음은 새로운 해석이라는 입장으로 접근하고, 이혼, 맹세, 복수, 사랑의 범위에 대한 것들은 새로운 율법을 제시함으로 넘어선다. 마태의 예수는 율법을 넘어서는 자이다. 진정한 교육적 리더가 되려면, 세상의 사상을 넘어선 사상 세계가 구축되어야 한다. 우리가 공부하는 이유가 무엇인가? 세상의 가르침의 허구를 넘어서려는 것이다. 세상을 이기려면, 세상이 말하고 있는 바를 파악하여야 하며, 그 내용의 허구성을 드러내어 삶에서 다른 가능성을 열어 가려고 노력하여야 한다.

마태의 예수가 그 당시 세상의 주도 세력이었던 유대교를 어떻게 넘어섰는가? 그는 의를 위한 요구와 사랑을 위한 요구를 일치시키는 자였다. 이것이 새로운 것이다. 그 당시 유대교의 율법은 의를 위한 요구에만 집중하여 왔다. 물론 집중하였다고 의를 위한 요구를 충족시켰다는 뜻은 아니다. 의에만 집중하였지만, 의를 위한 요구를 충족시키지도 못한 상황이 그 당시 유대교였다. 이러한 유대교의 한복판에서 예수는 사랑을 강조한다. 이것은 그들이 율법의 정신과 내용 속에서 보지 못한 부분을 미리 예견하고 말하는 적절한 가르침이었다. 더 놀라운 것은 이 사랑을 위한 요구와 정의를 위한 요구를 일치시키는 새로운 교육적 전망을 예수가 연 점이다. 인간에는 사랑과 정의를 일치시키는 일이 이려우나 예수에게는 이 일이 어려운 일이 아니다. 진정한 교육적 리더로서의 권위는 세상을 해석하는 능력에서 나오며, 해석 후에 대안을 마련하여 가르치는 것을 통해 구체화된다.

마태의 예수는 용서와 사랑의 범위를 확대할 것을 명령한다. 리더십이란 무엇인가? 내가 지금 사랑하는 사람의 범위가 나의 리더십의 범주이다. 나는 지금 어느 정도의 사람을 사랑하고 있는가? 같은 학교를 다니고 있지만, 그들의 이름이라도 다 알고 있는가? 나는 우리 학교 화장실을 청소하시는 분의 이름을 알고 있는가? 그에게 사랑의 언어를 말한 적이 있는가? 마태의 예수는 더 나아가 원수까지도 사랑하라고 말한다. 가장 큰 리더는 미워하는 사람이 없는 사람이다. 이와 같은 사람을 마태복음은 원수를 사랑하는 사람이라고 정의하고 있다. 마태의 예수는 원수가 멀리 있지 않다는 점도 강조한다. 원수는 공동체 내부에 있을 가능성이 짙다. 우리는 가장 위대해 지는 방법으로 공동체 내부에 있는 원수를 사랑할 수 있어야 한다. 이러한 사랑이 결국 우리를 권위 있는 교사로 세우는 길이다.

마태의 예수는 제자들에게 가르치는 권세를 위임(empowerment)하는 자이다. 진정 교육적 리더라면 마지막에 자신에게 주어진 모든 가르치는 권세를 제자들에게 위임할 줄 알아야 한다. 위임은 권한을 이양하는 것을 의미한다. 리더 주위에는 리더들이 많이 일어난다. 그러나 보스(boss) 주위에서 리더는 세워지지 않는다. 리더는 자신의 권위를 제자들에게 나누어 줄 줄 알기 때문이다.

마태의 예수는 "깨어 있으라"고 주장한다(마25장). 마태복음 25장에는 세 가지의 비유가 연속적으로 등장한다. 처음 비유는 열 처녀 비유이다. 그 다음은 달란트 비유이고, 마지막은 양과 염소 비유 혹은 세계 심판 비유이다. 이 비유에서 일관된 주제는 깨어 있으라는 가르침이다. 깨어 있음이란 무엇인가? 진정 리더는 깨어 있는 사람이다. 열 처녀 비유는 지혜로움과 미련함이 무엇인지 우리에게 알려 준다. 신랑이 더디 오므로 여분의 기름을 더 준비한 자들은 지혜롭다. 그러나 여분의 기름을 준비하지 못한 자들은 미련하다. 그러면 여기서 기름은 무엇을 의미하는가? 기름은 본질이다. 그러나 본질을 준비하는 자가 깨어 있는 자라는 사실 이상을 우리는 주장할 수 없다. 기름이 무엇인지 열 처녀 비유만 보고는 알 수 없기 때문이다. 그 다음 비유인 달란트 비유에서 한 달란트 받은 자, 두 달란트 받은 자, 그리고 다섯 달란트를 받은 자의 삶의 태도가 문제가 된다. 한 달란트를 받은 자는 그것으로 장사하지 않는다. 땅에 묻어 둔다. 주인이 올 때 그 한 달란트를 바친다. 다섯 달란트 받은 자는 바로 장사하여 또 다시 다섯을 남긴다. 두 달란트 받은 자도 그와 같이 하여 두 달란트를 더 남긴다. 돌아온 주인은 두 배 씩 남긴 자들을 축복하고, 한 달란트 받은 자를 저주한다. 달란트를 가지고 장사하라는 가르침인데 이것은 달란트를 남기는 것이 깨어 있는 것이라는 주장이다. 그러나 달란트가 무엇인지 본문의 달란트 비유만 가지고는 알 수 없다. 진정 리더는 본질을 남기는 삶을 살아가야 한다.

기름과 달란드가 무잇인지 양과 염소 비유에서 분명해 진다. 오른 쪽에 있는 양들에게 예수님은 목말랐을 때 마실 것을, 헐벗었을 때에 입을 것을, 배고팠을 때에 먹을 것을, 옥에 갇혔을 때 돌아보는 일을 하였다고 말한다. 그들은 우리가 언제 그런 일을 한 적이 있는가라고 반문한다. 예수는 지극히 작은 자 하나에게 한 것이 곧 나에게 한 것이라고 강조한다. 그와는 반대로 염소들에게는 돌아보지 않았음을 지적하고, 지극히 작은 자 하나에게 하지 않은 것이 곧 나에게 하지 않은 것이라고 강조한다. 여기서 모든 것이 분명해 진다. 진정한 리더는 지극히 작은 자를 돌아보는 자이다. 지극히 작은 자를 돌아보는 일에 깨어 있는 자가 리더이다.

누가복음에 나타난 예수의 리더십

"누가가 고백한 예수를 묘사하는 지배적인 전망은 '잃

어버린 자를 찾아 나서는 구원자'이다"

누가의 예수는 역전시키는 자이다.

> 마리아가 이르되 내 영혼이 주를 찬양하며 내 마음이 하나님 내 구주를 기뻐하였음은 그의 여종의 비천함을 돌보셨음이라 보라 이제 후로는 만세에 나를 복이 있다 일컬으리로다 능하신 이가 큰 일을 내게 행하셨으니 그 이름이 거룩하시며 긍휼하심이 두려워하는 자에게 대대로 이르는도다 그의 팔로 힘을 보이사 마음의 생각이 교만한 자들을 흩으셨고 권세 있는 자를 그 위에서 내리치셨으며 비천한 자를 높이셨고 주리는 자를 좋은 것으로 배불리셨으며 부자는 빈손으로 보내셨도다 그 종 이스라엘을 도우사 긍휼히 여기시고 기억하시되 우리 조상에게 말씀하신 것과 같이 아브라함과 그 자손에게 영원히 하시리로다 하니라(눅1:46-55)

"하나님은 권세 있는 자를 그 위에서 내리치셨으며(=끌어 내렸으며), 비천한 자를 높이셨다(눅1:52)." 누가의 예수는 정치적 질서를 역전시킨다. "하나님은 주린 자들을 좋은 것으로 배부르게 하시고 부한 자들을 빈손으로 보내셨다(눅1:53)." 누가의 예수는 사회적인 질서를 역전시킨다. 역전 주제는 가난하고 빼앗긴 자들에 대한 하나님의 연민의 주제를 밝혀 준다.

누가의 예수가 주장하는 역전 주제는 고정관념을 깨뜨리는 역할을 한다. 선한 사마리아인의 비유(눅10:25-37)는 그 제목 자체가 고정관념을 넘어선다. 마태의 산상수훈도 누가에서는 평지 설교로 역전된다. 누가는 평지에서 같은 눈높이로 가르친다(눅6:17).

그러나 역전이 곧 혁명을 의미하는 것은 아니다. 역전 주제의 궁극적인 목적은 "평등"이다. 그래서 누가의 예수는 "유대인의 영광"일 뿐 아니라, "이방인들을 비추는 빛(눅2:32)"이기도 하다. 이사야 40장 4절에 등장하는 "높은 산들이 낮아지고 낮은 골짜기들이 높아지리라"는 언급을 누가는 인용하여 자신의 복음서를 구성하는데, 이 가르침은 역전 후 평등 주제를 분명하게 드러낸다. 이것을 인간관계에 적용한다면, 사람 위에 사람 없고, 사람 밑에 사람 없다는 생각으로 응용할 수 있다. 하나님 앞에서 만민은 평등하다.

목적적 리더는 인생에 역전승이 있음을 믿는다. 그래서 그들은 역전을 믿는 마음으로 지금의 고난을 이겨 나간다. 역전이 있음을 믿고 가만히 있는 자는 리더가 아니다. 역전을 믿음으로 오늘을 열심히 사는 자가 진정 리더이다.

누가의 예수는 잃어버린 자를 찾아 구원하러 온 자이다(눅19:10). 마태복음 20장 28절과 마가복음 10장 45절은 예수가 세상에 온 목적을 "인자가 온 것은 섬김을 받기 위해 온 것이 아니라 섬기러 왔다"고 밝힌다. 요한복음 9장 39절은 예수가 세상에 온 목적을 "보지 못하는 자들을 보게 하고, 보는 자들은 눈먼 사람이 되게 하려고" 왔다고 주장한다. 그런데 누가복음 19장 10절은 예수는 "잃은 자를 찾아 구원하려고 왔다"고 밝힌다.

누가의 예수는 이 목적에 충실하였다. 그는 "세리와 죄인의 친구(눅7:34)"였으며, 이것은 그 당시 사람으로 취급당하지 못한 사람들과 함께 지낸 예수의 모습을 대변한다. 누가의 예수는 외아들을 잃은 나인 성 과부를 불쌍히 여기고 "울지 말라"고 위로한 후, 그녀의 죽은 아들을 소생시켜 준다.

> 그 후에 예수께서 나인이란 성으로 가실새 제자와 많은 무리가 동행하더니 성문에 가까이 이르실 때에 사람들이 한 죽은 자를 메고 나오니 이는 한 어머니의 독자요 그의 어머니는 과부라 그 성의 많은 사람도 그와 함께 나오거늘 주께서 과부를 보시고 불쌍히 여기사 울지 말라 하시고 가까이 가서 그 관에 손을 대시니 멘 자들이 서는지라 예수께서 이르시되 청년아 내가 네게 말하노니 일어나라 하시매 죽었던 자가 일어나 앉고 말도 하거늘 예수께서 그를 어머니에게 주시니 모든 사람이 두려워하며 하나님께 영광을 돌려 이르되 큰 선지자가 우리 가운데 일어나셨다 하고 또 하나님께서 자기 백성을 돌보셨다 하더라 예수께 대한 이 소문이 온 유대와 사방에 두루 퍼지니라(눅7:11-17)

누가는 향유를 부은 여인을 마가처럼 "한 여자"라고 말하지 않고, "죄인인 한 여자(눅7:37)"라고 언급한다. 바리새인과 세리의 기도 중 자신이 죄인임을 인정하며 가슴 치고 기도한 세리의 기도를 하나님은 들으셨다고 누가의 예수는 강조한다(눅18:13). 이 또한 잃은 자에 대한 관심이 반영되어 있는 본문이다. 만찬회의 비유에서 결국 잔치를 맛본 자들은 "가난한 자들과 병신들과 소경들과 저는 자들(눅14:21)"이었다는 점도 역시 잃은 자들에 대한 지극한 예수의 관심을 반영한다.

비전이 있는 목적적 리더는 소외된 사람들의 입장에 서기를 주저하지 않는다. 사람이 사람을 판단하여 죄인으로 몰아가는 분위기에서 그 죄인과 친구가 되어 사람을 얻는 자가 리더이다. 리더란 잃은 자를 찾는 자이다. 리더란 잃은 자를 찾아 구원하는 자이다. 누가의 예수는 이웃은 논의의 대상이 아니라, 사랑의 대상임을 분명히 밝힌다.

> 그 사람이 자기를 옳게 보이려고 예수께 여짜오되 그러면 내 이웃이 누구니이까 예수께서 대답하여 이르시되 어떤 사람이 예루살렘에서 여리고로 내려가다가 강도를 만나매 강도들이 그 옷을 벗기고 때려 거의 죽은 것을 버리고 갔더라 마침 한 제사장이 그 길로 내려가다가 그를 보고 피하여 지나가고 또 이와 같이 한 레위 인도 그 곳에 이르러 그를 보고 피하여 지나가되 어떤 사마리아 사람은 여행하는 중 거기 이르러 그를 보고 불쌍히 여겨 가까이 가서 기름과 포도주를 그 상처에 붓고 싸매고 자기 짐승에 태워 주막으로 데리고 가서 돌보아 주니라 그 이튿날 그

가 주막 주인에게 데나리온 둘을 내어 주며 이르되 이 사람을 돌보아 주라 비용이 더 들면 내가 돌아올 때에 갚으리라 하였으니 네 생각에는 이 세 사람 중에 누가 강도 만난 자의 이웃이 되겠느냐 이르되 자비를 베푼 자니이다 예수께서 이르시되 가서 너도 이와 같이 하라 하시니라(눅 10:29-37)

"내 이웃이 누구인가?"하고 묻는 율법사에게 예수는 선한 사마리아인의 비유를 더 설명한 후, "누가 이 강도 만난 자의 이웃이 되었느냐?"고 반문한다. 이 말씀은 우리에게 이미 이웃은 분명하다는 것이다. 중요한 건 우리가 그 이웃에게 사랑을 베풀어 이웃이 되었는가 하는 점이다. 진정 우리가 리더라면 명백하게 강도 만난 자들인 우리의 이웃들에게 선행을 베푸는 이웃이 되어 주어야 한다. 이러한 사람들을 우리는 리더라고 한다.

누가의 예수는 선교 조직을 갖추는 자이다. 열두 사도는 유대 선교를 맡는다(눅9:1-9). 누가의 열두 사도들이 담당할 선교적 역할과 범위의 특색은 이스라엘의 열두 지파와 연결된다(눅22:29-30). 70인의 대표들의 파송은 오직 누가복음에만 등장하는 독특한 사건이다(눅10:1-12). 70이라는 숫자는 이방 나라 전체를 의미한다(창10장, 민11장 참조). 복음은 예루살렘으로부터 시작하여 모든 족속에게 전파되리라는 것이다(눅24:47). 곧 모든 육체가 하나님의 구원하심을 보리라는 것이다(눅3:6).

그러므로 열두 사도들은 유대 선교를 담당하는 지도자 그룹이고, 70인의 제자들은 이방 선교를 감당하는 지도자 그룹이고, 제자들은 유대 선교와 이방 선교 모두에 동참하는 평신도 그룹이다. 이러한 조직을 갖춘 것은 누가복음에서 상당한 의미를 지니고 있다. 성령이라는 주제를 가장 민감하게, 빈도수가 많게 사용하는 누가의 예수는 가장 영적인 리더이면서도, 가장 조직적인 리더였다는 것이다. 이 둘이 조화를 이루기는 상당히 어렵다. 가장 영적인 사람이 가장 조직적이기도 하다는 것은 이상적인 리더의 모습을 누가의 예수가 갖추었음을 우리에게 알게 해 준다.

누가의 예수는 죽음을 승천이라고 이해하는 자이다(눅9:31). "영광 중에 나타나서 장차 예수께서 예루살렘에서 별세(exodus)하실 것을 말씀할 새" 죽음이 들어갈 자리에 출애굽을 상징하는 별세란 말을 누가는 집어넣는다. 세상을 떠남을 죽음으로 설명하려는 것이다. 그러나 누가복음을 잘 읽다가 보면 죽음이 세상을 떠나는 것이 아님을 알 수 있다. 누가복음만 승천이라는 주제를 설명하고 있다. 즉 세상을 궁극적으로 떠나는 장면은 승천 장면이다. 예수는 단순히 세상을 떠난 사람이 아니라, 승천한 자이다. 이것은 예수를 믿다가 죽은 모든 사람들에게 위로가 되는 메시지이다. 그들도 죽은 게 아니라, 승천한 것이 되기 때문이다. 진정 리더라면 죽음을 두려워하지 않는 자세를 견지하여야 한다. 죽음은 단순히 죽음이 아니라, 승천이라 이해하여야 한다. 그리고 새로운 죽음에 대한 해석 능력을 가지고 전진을 거듭해 나가는 사람을 우리는 리더라고 부른다.

2

사랑을 확장하는 사람, 바울

바울은 팔로워들(followers)을 이끄는 리더가 아니라, 리더들을 이끄는 리더이다. 리더들을 이끌기 위해 바울은 일을 적절하게 했을 뿐만 아니라, 적절한 일을 한다. 바울은 일정에 대한 우선순위를 정하는 것 외에도 우선순위에 대한 일정을 짠다. 그는 성취를 추구하는 것이 아니라, 사명을 성취하려고 노력한다. 바울은 권세로 사람들을 이끌지 않고, 리더들에게 권세를 준다.

바울은 사람을 끌어당기는 힘이 있었다. 그의 흡인력은 그를 리더로 세우는 힘이었다. 그는 끌어당긴 사람을 준비시키는 능력을 소유하고 있었다. 바울은 디모데와 같은 예비 리더들을 양육하는 리더였다. 바울은 리더들을 훈련시키고 난 뒤, 그 당시에 새로운 조직인 교회를 개척해 나갔다. 그는 리더들을 계속해서 개발하는 일을 쉬지 않았다.

바울은 리더의 다른 이름으로 디모데후서 2장 2절에서 교사를 든다. 거짓 교사들의 발흥으로 교사로서의 리더는 그 역할이 더욱 증가했다. 그는 좋은 리더는 군사와 같아야 한다고 주장한다. 결국 리더는 안주하려고 하는 마음과 싸우는 사람이다. 바울은 리더란 운동선수와도 같다고 생각한다(딤후2:5). 운동선수는 규칙대로 경기하며 승리할 수 있도록 훈련한다. 리더에게 훈련받는 일은 상당히 중요하다. 바울은 리더십과 관련하여 농부 이미지를 사용한다. 농부는 인내하는 리더이다. 금방 결과가 나타나지 않아도 그는 인내하며 기다릴 줄 안다.

바울은 팔로워들을 모으는 리더처럼 충족감을 주는데 신경 쓰지 않고 성공을 맛보게 한다. 바울은 추종자들을 모으는 리더처럼 사람들의 약점에 초점을 맞추지 않고, 사람들의 강점에 초점을 맞춘다. 바울은 모든 사람을 똑같은 방식으로 대하지 않고, 사람들을 개별적으로 다룬다. 바울은 자신의 시간을 흘려보내지 않고 그 시간을 투자한다. 바울은 작은 헌신이 아닌 큰 헌신을 요구한다. 그래서 바울은 이 세대만이 아니라, 오는 세대까지 영향력을 끼치는 리더가 될 수 있었다.

우리는 바울서신(7권-데살로니가 전서, 고린도 전서, 고린도후서, 빌립보서, 빌레몬서, 갈라디아서, 로마서)에 나타난 바울의 리더십을 살펴보려고 한다. 그가 문제가 있는 교회를 어떻게 치리하는가를 중심으로 살펴보려고 한다. 우리는 원하든 원하지 않든 이미 리더이다. 후배들에게 우리들은 리더이며, 동생들에게 이미 우리는 리더이다. 우리는 리더로서 문제들을 어떻게 해결해 나갈 것인가를 바울을 통하여 배울 수 있다.

데살로니가전서에 나타난 바울의 리더십

먼저 데살로니가전서에서 바울은 종말론에 관계된 질문을 받게 된다. 죽기 전에 예수가 다시 오는 것을 볼 것으로 기대하였던 데살로니가교회 교인들 중 아버지의 죽음을 겪은 사람들은 이런 질문을 하였다. "우리 아버지는 구원 받을 수 있는 것인가?" 예수가 다시 올 때 우리 아버지가 살아 있지 않음으로 구원 받을 수 없는 것은 아닌가 하는 질문을 바울은 받는다. 이 질문에 대해 바울은 "그리스도 안에서 잠든 자는 먼저 부활하며, 살아서 믿는 자는 그들과 더불어 재림하는 주님을 만나게 될 것이다"라고 대답하였다(살전4:13-5:11 참조). 바울은 지연되고 있는 종말에 대해 의구심을 품지 말고 도리어 언제 올지 모르는 예수를 기다리면서, 하나님의 뜻인 성결을 유지하며 살라고 가르친다(살전3:13; 4:3,7; 5:16-18,21-22). 데살로니가 교인들은 원래 우상을 섬기던 자들이었다(살전1:9). 그런데 복음을 받아들여 우상으로부터 돌아와서 참되신 하나님을 섬기게 되었다. 이제 그들에게 어떻게 사는 것이 하나님을 기쁘시게 하는 것인가가 중요하다. 바울은 그들을 향하여 한마디로 "하나님의 뜻은 여러분이 성결해 지는 삶을 사는 것(살전4:3)"이라고 말한다. 더불어 이제는 벗어나 주님의 재림이 언제이던지 "성결"하고 "기쁨과 기도와 감사의 생활"을 할 것을 명하고 있다.

항상 기뻐하라 쉬지 말고 기도하라 범사에 감사하라 이것이 그리스도 예수 안에서 너희를 향하신 하나님의 뜻이니라(살전5:16-18)

바울은 지금 종말이 늦추어지는 문제 앞에서 종말이 언제인지 우리는 알 수 없음을 분명히 하고, 그 종말을 기다리는 우리들의 자세가 중요하다고 주장하면서 윤리적인 가르침을 강화한다. 그 가르침은 성결하게 살자는 것인데, 항상 기뻐하고, 쉬지 말고 기도하고 범사에 감사하자는 제안을 하고 있다. 문제에 대한 적절한 대응이라 할 수 있다. 미래에 온통 관심을 기울이던 사람들에게 지금의 삶으로 관심을 돌리게 하는 방식이 이 문제에 대한 바울의 해법이었다.

고린도전서에 나타난 바울의 리더십

고린도전서에서 바울은 파벌의 문제에 직면하였다. 어렵게 세워진 교회인 고린도교회가 지금 내부 분열로 무너지게 생긴 것이다. 고린도교회 교인들은 자신들을 바울파, 아볼로파, 게바파, 그리스도파로 나뉘어져 대립하고 있었다. 또한 교인들 간의 의견 대립으로 세상 법정에 고소하는 일까지 생겼다. 성적인 방종과 타락이 성행하여 도덕적 타락이라는 현상이 교회 안에 들어왔다.

교회 안에 종교적인 흥분과 광신이 성행하였다. 이러한 문제들에 대한 바울의 해법은 이 문제를 관통할 수 있는 하나의 주제를 생각하게 되는 데 그는 이 주제를 사랑이라고 생각하였다. 바울은 '지금 교회가 파벌로 싸울 때가 아니라, 사랑하여야 할 때'라고 말하고 있는 것이다. 교인들 간의 고소의 문제도 사랑으로 접근하는 것이 효과적임을 바울은 알았다. 교회 안에 이미 들어온 비정상적인 사랑도 진정한 사랑만이 해결할 수 있는 것임을 바울은 간파하였다. 교회 안의 광신이나, 종교적인 흥분도 진정으로 그리스도를 사랑하고 하나님을 사랑하는 신앙의 회복만이 해법임을 바울은 알았다. 바울은 현실적인 문제에 대한 가장 효과적인 대안을 제시하는 리더이다. 복잡한 제안을 하면 바울의 의도를 가지고 또다시 다툴 수 있는 상황에서 바울은 단순하지만, 강력한 사랑을 하자고 제안한다. 그래서 고린도 전서 13장 13절은 "그런즉 믿음, 소망, 사랑 이 세 가지는 항상 있을 것인데 그 중에 제일은 사랑이라"고 바울은 말하였다. 리더란 문제의 핵심을 꿰뚫어 볼 수 있는 눈이 있고 그 문제를 해결할 수 있는 대안을 가장 효과적으로 발견할 수 있는 사람이다.

고린도후서에 나타난 바울의 리더십

고린도후서에서 바울은 개인적인 공격을 많이 받게 된다. 사랑을 강조하였지만, 고린도교회 교인들은 쉽게 바울을 받아들이지 못하고 바울의 권위에 도전하는 경향을 보였다. 이 모든 것은 고린도교회에 들어와 교인들을 현혹한 거짓 사도들을 따른 결과이다. 거짓 사도들의 가르침에 따라 고린도교회 교인들은 바울의 외모를 공격한다. 바울의 외모에 대한 공격은 대단히 감정적인 것이다.

> 그들의 말이 그의 편지들은 무게가 있고 힘이 있으나 그가 몸으로 대할 때는 약하고 그 말도 시원하지 않다 하니(고후10:10)

바울은 인간을 외모로 판단하지 말고 그의 정신과 생활로 판단하라 응수한다. 그래서 "너희는 외모만 보는도다(고후10:7)", "너희는 마음으로 하지 않고 외모로만 자랑하는 자(고후5:12)"라고 말하고 있다. 바울에 의하면 "사탄 자신도 빛의 천사로 가장하나니(고후11:14)" 외모로 판단하는 것은 올바른 판단이 아님을 강조하고 있다. 바울의 외모가 흠모할 만한 것이 아니었음을 알 수 있다. 바울 자신이 비록 사탄처럼 생겼어도 내용은 천사라는 주장을 그는 하고 있는 것이다. 바울의 말에 대한 공격에 대해 바울 자신도 자신의 언변이 부족하다고 겸손히 수긍한다(고후11:6). 그러나 바울은 복음을 증거할 때에 언변의 훌륭함으로 하지 않고 성령의 능력과 나타나심으로 증거했다(고전2:1,4). 바울의 권위에 대한 공격은 바울이 사도가 아니라는 적대자들의 주장이었다. 바울은 자기의 사도권에 대해 너무 옹호함으로써 오히려 적대자들로부터는 바울이 그리스도를 전하는 것이 아니라 자기 자신을 전하고 있다는 오해와 비방을 받을 수 있었다(고후4:5). 또 바울이 율법의 행함이 아니라 오직 믿음으로만 의롭다함을 받는다고 강조했을 때 그것이 오히려 "하나님의 말씀을 혼잡케(고후4:2)"하는 것이고 복음이 가리워진 것이라는(고후4:3) 오해를 불러일으킬 수 있었다. 그러나 바울은 비록 자기가 전하는 것이 "신비로운 하나님의 지혜"이고 "감추인 지혜(고전2:7)"이기는 하지만 자기는 "다른 사람처럼 하나님의 말씀과 잡것을 섞어 장사하는 사람이 아니며(고후2:17)" "하나님의 말씀을 혼잡케 하지도 않으며(고후4:2)" "자신을 전파하는 것이 아니라 오직 그리스도 예수의 주되신 것"을 전파할 뿐(고후4:5)이라고 응수한다. 이런 모든 점들로 보아 고린도후서는 전서에 비해 비체계적으로 구성되어 있고 사도 바울의 개인적 변증과 변호를 위한 서신이라고 불릴 만하다.

리더가 그 리더십을 인정받지 못할 때 어떻게 하여야 하는가? 이때 바울은 인정할 것은 인정하고, 타협하지 못한 것은 절대로 타협하지 않는 이중적인 전략을 사용한다. 그는 외모에 대해 못생겼음을 인정한다. 말을 잘하지 못함도 인정한다. 그러나 자신이 사도인 것, 그리고 자신이 지금 사도인 것을 변증하지만, 자신의 선포는 잡상인과 달리 순수한 복음만을 전한다는 사실은 타협하지 않고 주장한다.

빌립보서에 나타난 바울의 리더십

빌립보서에서 바울은 옥중에 갇혀서도 "기쁨"에 대해 강조하는 리더로 등장한다. 화이네 벰(Feine-Behm)은 빌립보서의 주제는 "기쁨"이라고 했다. 빌립보서 4장에서만 기쁨이란 명사와 동사가 16번이나 사용되고 2장 등에서도 여러 번 사용되고 있다. 벵겔(Bengel)이란 학자는 빌립보서의 요절이 "내가 기뻐하니 너희도 기뻐하라(빌2:17-18)"라고 말한다. 이 서신이 옥중에 갇혀 있을 때 기록되었다는 점을 고려할 때 기쁨에 대한 강조는 더욱 의미가 크다. 옥중에서의 기쁨, 고난 중에서의 감사가 기독교인의 삶의 역설적인 표현임을 잘 보여 준다(합3:17-19 참고). 진정 리더는 상황의 어려움을 이기는 자이다. 상황을 주도하는 자가 리더이다. 상황에 끌려가는 자는 리더일 수 없다. 아무리 어려운 상황이라도 내면으로부터 솟구쳐 올라오는 설명할 수 없는 기쁨을 누리는 자, 곧 리더가 되어야 한다.

> 너희 안에 이 마음을 품으라 곧 그리스도 예수의 마음이니 그는 근본 하나님의 본체시나 하나님과 동등됨을 취할 것으로 여기지 아니하시고 오히려 자기를 비워 종의 형체를 가지사 사람들과 같이 되셨고 사람의 모양으로 나타나사 자기를 낮추시고 죽기까지 복종하셨으니 곧 십자가에 죽으심이라 이러므로 하나님이 그를 지극히 높여 모든 이름 위에 뛰어난 이름을 주사 하늘에 있는 자들

과 땅에 있는 자들과 땅 아래에 있는 자들로 모든 무릎을 예수의 이름에 꿇게 하시고 모든 입으로 예수 그리스도를 주라 시인하여 하나님 아버지께 영광을 돌리게 하셨느니라(빌2:5-11)

"기독론적인 찬양시"라고 불리는 빌립보서 2장 5-11절은 마치 요한복음서의 서론(빌1:1-18)에 나오는 "로고스 찬양시"처럼 예수 그리스도의 선재(先在), 성육신(成肉身), 승귀(昇貴) 등 중요한 기독론적인 언급이 등장한다. 이 찬양시 중 "오히려 자기를 비어 종의 형체를 입어" 죽기까지 복종하였다는 표현으로 예수를 설명하는 부분이 있다. "자기를 비어"는 케노시스(kenosis)이다. 이것은 겸손과 겸허의 자세를 의미한다. 무릇 리더는 자기를 비우는 자이다. 자기를 비우는 일이 실제로 일어나야 나중에 비운 부분이 채워지는 일이 일어날 수 있다. 바울은 목표를 향해 달음질하는 삶을 강조한다(빌3:2-16). 여기서 바울은 우리의 시민권이 하늘에 있음과 그곳에서 받을 상을 얻으려고 계속 목표를 향해 달리는 삶이 기독교인의 삶임을 말하고 있다. 아직 완전하지 않으면서 그 완전을 향해 끊임없이 달려 나가는 것이 기독교인의 삶이다. 루터는 이 본문을 해석하면서 "기독교인은 다 된 존재가 아니라 되어 가는 존재이다. 그런 의미에서 기독교인은 기독교인이 아니다"란 역설적인 말을 하였다.

빌립보서에서 보여 주는 바울의 리더십은 끊임없이 전진하는 모습이다. 목표가 세상에 속한 것이라면 전진의 끝이 있겠지만,

목표가 그리스도라면 죽을 때 까지 발전하는 양태를 취할 것이기 때문이다.

빌레몬서에 나타난 바울의 리더십

이 서신에서는 따뜻하고, 신중하고, 친절하고, 공손한 면이 뚜렷이 나타난다. 그리고 교리적인 진술은 없고 인간적인 면, 즉 한 인간의 가치와 개인의 의사 존중 등이 돋보인다. 바울은 도망쳐 나온 오네시모를 되돌려 보내는 것에서는 그리스도인도 과거의 잘못에 대해서는 철저한 책임을 져야 한다는 것과, 그가 빌레몬에게 보낸 편지의 호소에서는 사도이자 친구가 다른 사람에게 억지나 강압이 아니라 스스로 어려운 결정을 내리도록 도울 뿐이라는 것을 보여 준다. 더불어 도망가는 노예는 세상의 법으로 사형시킬 수 있지만 바울은 그리스도의 사랑으로 그를 용서해 줄 것을 정중히 부탁하고 있다.

용서의 중요성은 성경의 곳곳에서 드러난다(막11:25; 눅17:4; 마6:14-15; 18:35). 이 서신이나 다른 어느 서신에서도 바울이 인간의 노예제도를 비난하거나 폐기하려 했다는 내용은 나타나지 않고 있다. 이러한 사실 때문에 때때로 바울은 비난을 받기도 한다. 그러나 그 당시 그러한 보편적이고 일반화된 제도에 대한 비난이나 폐기 주장은 상상도 할 수 없었을 것이다. 가령 그런 주장을 했다 하면 사회적, 정치적, 경제적으로 지극히 위험스러운 주장으로 빈

아들여져 초기 그리스도교에 대한 엄청난 보복과 시련을 야기 시켰을 것이다.

그러므로 현시점에서 그때 그의 가르침을 비난하는 것은 무책임한 일일 수도 있다. 비록 바울은 그 당시의 보편화된 노예제도 자체는 인정했으나 사실 그는 "그리스도 안에서 새로운 피조물(고후5:17)", "한 형제"라는 인간관계의 새로운 장을 주장했던 것이다(갈3:26-29; 마12:50참고; 히2:11-12; 요1:12). 노예를 노예로서가 아니라 사랑하는 형제로, 참된 인격으로 인정하는 이런 정신은 모든 시대의 노예들에게 진정 참된 복음이 되었으며, 나중에 노예제도의 사슬을 깨뜨리는데 적지 않은 역할을 했을 것이며 빌레몬서의 의미도 여기에서 찾아야 할 것이다.

바울은 빌레몬서에서 사회 전체를 바꾸는 혁명적 리더십을 발휘하지는 않는다. 그러나 빌레몬의 가정에 있어서만은 노예제도를 무력하게 만드는 리더십을 발휘한다. 빌레몬이 오네시모를 용서할 것을 바울은 확신한 것으로 보인다. 바울은 자신의 팔로워인 빌레몬을 신뢰하고 있었다. 리더와 팔로워 간의 신뢰의 강력한 모습을 우리는 빌레몬서에서 볼 수 있다. 진정한 리더란 따르는 자가 있어야 한다. 바울에게 빌레몬은 따르는 자였다. 바울은 빌레몬이 바울이 말한 것 이상을 행동으로 옮길 것에 대해 확신하였다. 이것이 진정 리더이다.

특히 바울은 오네시모와 빌레몬의 관계를 회복시키는 일에 열정적이었다. 자신의 팔로워들 간의 관계에 신경 쓰는 리더가 진정 리더이다.

갈라디아서에 나타난 바울의 리더십

이 서신의 중심 주제는 사람을 구속하는 모든 것들 그리고 민족적, 인종적, 종교적, 사회적, 성적 차별로부터의 자유이다(갈5:1, 5:13). 바울이 갈라디아서에서 말하는 자유는 우리가 흔히 생각하는 언어의 자유, 종교의 자유 등과 같은 자유가 아니라 복음과 직결되어 있다. 여기에서의 자유는 하나님 아버지의 뜻에 따라 그 자신을 주심으로써 우리를 율법, 죄, 죽음, 그리고 현재의 악한 세력으로부터 해방시켜 주신(갈1:4) 예수 그리스도를 믿는 영적인 현상이며 상태인 것이다. 바울은 이 자유를 역설적으로 인간의 경험, 성서적 증거, 제의 전승, 그리고 이방인들의 예전 풍습이나 풍조와의 관계 등을 제시하며 설명하고 있다.

바울은 복음으로 선포된 이 자유는 유대인이건 이방인이건 똑같이 적용된다고 주장하고 있다. 이것은 복음이 유대인들에게는 율법의 지도와 속박으로부터의 자유라면, 이방인들에게는 세상의 풍조나 정령의 지배와 죄로부터 자유가 된다는 것이다.

바울은 "다른 복음"에 대해 민감하게 반응한다. 바울은 다른 복음 즉 할례가 포함된 믿음을 순수함의 상실이라고 생각하였다. 본질을 조건보다 못한 것으로 취급하는 일은 순수한 믿음으로부터의 타락이다. 갈라디아서에서 바울의 리더십은 본질을 소중하게 생각하는 리더십이라 이름 붙일 수 있다. 바울은 본질인 믿음을 붙잡고 그 외의 것들에 대해서는 없어도 그만이라고 생각하는 자세를 취한다. 진정 리더라면 본질을 본질로 여기고 중심과 지엽을 구분할 줄 알아야 하고, 중심이 잡혀 있으면 그 어떤 것에도 흔들리지 않는 자세를 취하여야 할 것이다.

로마서에 나타난 바울의 리더십

로마는 그 당시 군사, 경제, 사회, 문화적으로 세계의 중심지였다. 바울은 이 편지에서 자기는 아직 로마에 가 본적이 없다고 말한다(롬1:13). 따라서 이 편지는 지금까지 바울 자신이 직접 세우고 일정 기간 동안 체류하며 목양했던 교인들에게 보낸 서신들과는 달리 자신이 직접 세우지 않은 로마의 교회에 보낸 서신이다. 그는 여러 번 로마를 방문해 보고자 했지만, 그래서 로마를 거점으로 삼아 서쪽으로 서바나(=스페인)까지 복음을 전파하려고 했었지만(롬15:22-23, 28) 아직 로마에까지는 가 보지 못했었다.

로마교회는 그 당시 완전히 조직된 교회의 형태를 갖추고 있지는 않았던 것으로 보인다. 다만 믿는 기독교인들의 작은 그룹이 여럿 있었을 뿐인 것으로 생각된다. 바울이 다른 서신들에서는 분명히 어느 지역에 있는 하나님의 "교회에게"라고 수신자를 밝혔는데(고전, 고후, 갈, 살전 등) 로마서에 보면 "로마에 있는 하나님의 사랑하심을 입고 성도로 부르심을 입은 모든 자에게(롬1:7)" 편지를 보내고 있다. 이 말은 곧 로마교회가 아직 교회다운 모습과 형태를 갖지 못한 상태로 있었다는 뜻이다. 그런데 로마서 16장에 의하면 신자들의 여러 그룹들이 언급되고 있으며, 또 이름을 거론해 가며 문안을 하면서 "저희 교회에게도 문안하라(롬16:5)"는 말이 있는 점을 감안한다면, 로마교회는 권속들을 중심으로 모이는 여러 "그룹 교회" 혹은 "가정 교회"의 형태였던 것으로 생각된다(롬16:10,11,14,15등)

그리고 로마교회에는 유대인(롬2:17-24에서는 바울이 유대인을 상대로 직접 말하고 있음. 롬4:1; 7:1 등은 유대인을 염두에 두고 한 말)과 이방인들(롬1:5-7의 바울의 인사의 말엔 많은 로마인과 이방인이 언급되고 있음. 롬1:13, 11:13 등은 이방인 교인들을 염두에 두고 한 말)이 같이 있었다. 그래서 바울은 로마서에서 갈라디아서와 같은 주제(그리스도를 통한 자유, 구원)를 다루면서 "그리스도를 통해 계시된 하나님의 은혜"에 대한 절대성을 제시하고, 인간의 구원은 "율법의 행위"나 민족적, 문화적 우월성과 관계없이 "하나님에 대한 믿음으로"얻게 된다고 주장하고 있다.

로마서 전체를 통해서 "유대인과 이방인", "유대인과 헬라인", "이스라엘인과 이방인", 혹은 "할례자와 무할례자"라는 한 쌍의 표현들이 바울의 다른 서신들 전체를 합한 것보다 더 많이 언급되고 있다는 사실을 주목할 필요가 있다(롬1:16; 2:9,25; 3:1,9,29,30; 4:9; 9:24,30; 10:12; 11:25; 15:8). 더욱더 놀라운 것은 이런 표현들이 새로운 단락이나 새로운 주제에 대한 논의의 시작이나 끝에 자주 언급되고 있다는 사실이다.

즉 유대인과 이방인들로 구성된 로마교회의 상황에서 바울은 유대인 그리스도인들과 이방인 그리스도인들, 혹은 믿음이 약한 자들과 강한 자들 사이의 갈등이 심화되어 교회가 하나 되지 못할 위험에 직면했을 때 그런 차별, 혹은 민족적, 종교적 차이를 제거할 필요가 있었기 때문에 서신을 기록하였음으로 이런 표현이 반복되어 나오는 것이다.

믿음이 약한 자들은 고기와 포도주(롬14:2,21)를 불결하다고(롬14:14,20) 생각하여 먹지도 않고, 또한 어느 특정한 날들을 다른 날들보다 더 거룩하다고 구별하여 지키는 사람들임에 틀림없다(롬14:5-6). 다른 한편 믿음이 강한 자들이란, 바울도 자신과 동일시하는 자들로서(롬14:14), 외적인 조건들이나 문제들은 자신들의 구원과는 아무런 관계도 없다고 생각하고 무시해 버리는 사람들이었다. 그러므로 우리는 다음과 같은 사실을 쉽게 짐작할 수 있다. 믿음이 약한 자들은 주로 유대인 그리스도인들일 것이고, 강한 자들이란 율법 없이도 복음을 받아들인 대부분의 이방인 그리스도인들을 지칭했을 것이다.

로마서 14장 1절에서 15장 13절에 나타난 믿음이 강한 자들과 약한 자들 사이의 자랑과 갈등은 로마교회에 실제로 있었던 문제를 반영한 것이다. 그렇다면 로마서는 이처럼 교회 안에 있는 두 그룹 사이의 긴장과 갈등을 해소시켜 하나의 공교회(Catholic church)를 이루게 하려는 목적으로 쓰여졌다고 보아야 할 것이다. 만일 우리가 두 그룹간의 파쟁과 갈등의 배경을 염두에 두지 않고 로마서를 읽는다면 로마서의 중요한 주제를 놓치게 된다.

로마서는 바울이 유일하게 수신 지역에 방문해 보지 않고 쓴 서신이다. 바울은 자신의 선교 계획(스페인선교)에 있어서 로마가 필요하였다. 그래서 바울은 로마서를 기록하여서, 자신의 스페인 선교의 교두보를 확보할 작정이었다. 그러나 하나님의 계획은 바울이 로마에서 순교하는 것에 있었다. 바울은 로마서를 기록할 당시 이미 자신의 계획이 계획대로 되지 않을 수도 있을 것이란 생각을 했을 것이다. 그럼에도 불구하고 바울은 자신의 계획보다 하나님의 섭리에 순종한다. 리더란 하나님의 뜻에 순종할 줄 알아야 한다. 로마서에서 바울의 리더십은 순종하는 리더십이라 할 수 있다.

특히 바울은 클라우디우스 황제의 유대인 축출령으로 로마교회를 개척해 놓고도 로마를 떠나야 했으며, 나중에 로마로 돌아와 보니 이방 출신 그리스도인들이 자신들을 환영하지 않고, 도리어 배척하는 상황에서 유대 그리스도인들을 용납하는 것을 진정한 신앙이라고 주장한다(롬9-11장). 로마서에서 바울의 리더십은 포용의 리더십이라 할 수 있다. 한 형제라면 인종을 떠나 믿음으로 하나가 되고 포용하여야 한다는 생각을 바울은 강하게 가지고 있었다. 그래서 그는 아름다운 리더이다.

3
진리의 수호자, 요한

요한일서에 나타난 요한의 리더십

요한일서는 교회 안에 나타난 거짓 교사들(요일2:18-19,26; 3: 7)을 경고키 위해 기록되었다. 거짓 교사들의 출현은 바울이 에베소 장로들에게 말했던 예언(행 20:29-30), 디모데후서 저자가 했던 예언의 말(딤후 4:3-4; 3:1 이하)이 실제로 요한공동체(교회)에 나타난 것이라 하겠다. 요한 서신 기자들은 이런 자들을 "거짓 선지자(요일4:1)", "미혹케 하는 자(요일2:26; 요이7)", "적그리스도(요일2:18; 4:3; 요이7)" 등으로 표현했다.

이단자들은 신학적, 윤리적, 사회적으로 오류들을 드러냈다. 먼저 신학적 오류로는 예수가 그리스도이심을 부인(요일2:22)하는 점이다. 그렇다고 그들이 예수의 메시야 됨을 부인하는 것이 아니라, 예수의 성육신, 곧 예수가 육체로 오신 그리스도임을 부인(요일4:2; 요이7)하고 예수의 인성을 부인한다. 그러나 요한은 아들을 부인하는 자에게는 아버지도 없고 하나님께도 속하지 않는 자라고 말한다(요일2:23; 4:2). 우리는 예수가 육신으로 오신 그리스도임을 믿어야 한다(요1:14).

그다음 윤리적 오류로는 우리의 본성과 행동에 죄가 있음을 부인하고 죄가 하나님과의 사귐에 걸림돌이 되지 않는 다는 거짓 교사들의 주상을 요한은 들고 있다. 그러나 요한은 우리가 죄 없다고 하면 하나님을 속이는 것이고(요일1:8), 하나님을 거짓말쟁이로 만드는 것이며(요일1:10), 그의 계명을 알고도 지키지 않는 것은 거짓말하는 자요 진리가 그 가운데 없는 자라 하였다(요일2:4). 그리고 그리스도가 그 안에 있는 자는 그의 말씀대로 행함으로써 증거를 보여야 한다고 했다(요일2:5-6).

요한은 마지막으로 사회적 오류로 거짓 교사들은 형제에 대한 사랑이 없다고 지적한다. 저자는 하나님은 사랑(요일4:8)이기 때문에 하나님께로 난 사람은 사랑하는 사람이다(요일4:7). 반면에 사랑하지 않는 사람은 사망에 있는 사람이다(요일3:14). 마귀의 자녀이다(요일3:10). 그런데 거짓 교사들은 자기 형제를 사랑하는 자들이 아니라 미워하는 살인자들이다(요일3:15). 저자는 하나님 사랑과 형제 사랑을 동일시하고(요일4:20-21), 하나님 계명 지키는 일과도 동일시하고 있다(요일5:3).

또한 요한일서는 독자들인 사랑하는 자녀(=성도)들을 보존하며 그들이 기독교 신앙과 바른 신앙생활 가운데 견고히 세우기 위해 기록되었다(요일1:4; 2:1; 5:13). 그러므로 요한일서에서 요한의 리더십은 교회를 거짓 교사들로부터 지키는 리더십이다. 자신이 속한 공동체를 잘못된 가르침으로부터 지키는 일은 리더에게 상당히 중요하다. 요한은 교회를 거짓 교사들로부터 지키기 위해 그들의 오류를 논리적으로 정리한다. 거짓 교사가 누구인지 구분할 수 있도록 그들의 주장 중 잘못된 부분을 신학적, 사회적, 윤리적이 항목으로 나누어 정리한다. 요한은 참교사이다. 거짓 교사와 비교되는 참교사가 요한이다.

요한이서에 나타난 요한의 리더십

요한일서의 경우와 마찬가지로 거짓 교사들로부터 교회를 지키기 위해 요한이서는 기록되었다. 특히 10절에서는 성도들에게 거짓 교사들을 집에 받아들이지도 말고 사귀지도 말라고 말하고 있다.

> 미혹하는 자가 세상에 많이 나왔나니 이는 예수 그리스도께서 육체로 오심을 부인하는 자라 이런 자가 미혹하는 자요 적그리스도니 너희는 스스로 삼가 우리가 일한 것을 잃지 말고 오직 온전한 상을 받으라 나쳐 그리스도의 교훈 안에 거하지 아니하는 자는 다 하나님을 모시지 못하되 교훈 안에 거하는 그 사람은 아버지와 아들을 모시느

니라 누구든지 이 교훈을 가지지 않고 너희에게 나아가거든 그를 집에 들이지도 말고 인사도 하지 말라 그에게 인사하는 자는 그 악한 일에 참여하는 자임이라(요이7-11)

요한은 요한일서와 같이 "서로 사랑하라(요이5)"는 개념을 강조하며 사랑하는 것은 "계명을 따라 사는 것"이라고 하고 있다. 그러나 거짓 교사들에 대해선 사랑과 관용을 베풀지 말라고 강조한다. 다시 말해 요한이서는 어떠한 경우에 우리가 이웃에 대한 사랑을 거부해야 하는가를 보여 주고 있다. 그러므로 요한이서는 사랑의 한계성에 대해 말해 주는 서신이다. 교회의 지도자들은 교회 자체의 신앙을 위해 투쟁할 때마다 관용과 사랑이 너무나도 타협과 근사하기 때문에 신앙에 위협을 주고 자유를 구속하는 사람들을 관용과 사랑이라는 이름으로 그들을 용서해 주곤 했는데 그것이 옳지 않음을 인식해야 한다.

요한은 요한이서에서 사랑의 한계성을 말한다. 이것은 거짓 교사는 서로 사랑의 범주에서 탈락시키자는 요한의 제안이다. 이것은 교회를 지키는데 있어서 내적인 관계는 긴밀하게 유지하고, 거짓 교사와의 관계는 철저하게 배척하는 원칙이 중요하다는 입장이다. 그러므로 요한이서에 나타난 요한의 리더십은 서로 사랑의 원칙을 제시하는 리더십이라고 할 수 있다. 이것은 교회를 세우는 사랑이 거짓 교사를 용납하는 관용으로 발전하면 결국 교회가 무너지기 때문에 나온 요한의 주장이다. 사랑에도 원칙이 필요하다는 주장을 요한은 하고 있다.

요한삼서에 나타난 요한의 리더십

요한삼서는 요한이서와 특별히 "디오드레베"라는 교회 지도자의 문제를 다루고 있다는 점에서 다르다. 그는 으뜸이 되기를 좋아하는 자(요삼9)이며 자기와 뜻이 맞지 않는 사람을 악한 말로 헐뜯고 그런 사람들을 받아들이지 않을 뿐 아니라 받아들이는 사람들까지 방해하고 교회에서 쫓아내는 그런 인물이었다.

"장로"는 독자(들)에게 이런 "악한 것을 본받지 말고 선한 것을 본 받으라(요삼11)"고 권하면서 자기가 직접 방문할 때까지(요삼13) 계속 나그네 된 형제들을 잘 대접하고 잘 봉사하라고 훈계한다(요삼5-6). 초대 교회 시절에 이방인들에게서는 아무것도 받지 않으면서 주의 이름을 위해 복음을 전하러 다니는 사람들을 잘 영접하고 받들어 주는 것은 당시 기독교인들의 의무로 생각되었다(요삼8). 그런데 자기를 "최고(으뜸)"로 여기는 자는 자기를 최고로 인정하지 않는 사람들을 받아들이지 않을 뿐 아니라 받아들이려는 사람들까지도 방해하고 교회에서 쫓아내는(요삼10) 디오드레베와 같은 사람은 본받아서는 안 될 표본이었다.

오히려 저자는 따라야 할 본으로 모든 사람이 인정하고 진리도 인정하는 "디메드리오"를 추천하고 있다. 여기서도 우리는 양들의 영적 성장과 바른 신앙생활에 대해 관심을 갖는 "장로"의 목회적 충정을 엿볼 수 있다.

요한삼서에서 요한은 교회를 지키기 위해 거짓 교사의 유형을 그 당시 악명 높은 사람과 덕망 높은 사람을 들어 설명하고 있다. 요한의 거짓 교사에 대한 설명이 점점 더 구체적인 모습을 띠는 것을 보면, 거짓 교사의 문제가 교회 내부에 심각해지고 있는 것을 유추할 수 있다. 이러한 상황에서 이제 논리적인 언어로 설명하여야 할 단계를 넘어섰다고 인식한 요한은 그 당시의 대표성을 띤 두 사람을 들어 거짓 교사를 설명한다. 즉 디오드레베 같은 사람은 거짓 교사이고, 디메드리오 같은 사람은 참교사라는 식의 설명이다. 요한은 가르치는 리더십을 갖춘 사람이다. 그는 사람들을 참 진리로 인도하는 리더십을 지금 발휘하고 있다. 그의 설명은 설득력이 있다. 그는 설득력 있는 참교사였다.

4

실천적 리더, 야고보

"지푸라기 서신"이라는 루터의 혹평에도 불구하고 야고보서는 기독교인들에게 실천의 종교, 행함의 신앙을 강조해 주고 있다는 점에서 높이 평가되고 있다. 야고보서의 여러 가지 많은 교훈들 중에서도 단연 "행함"에 대한 강조(약1:22,25)가 서신 전체를 통해 돋보이고 있다. 그리고 그는 하나님 앞에 흠이 없는 완전한 경건을 정의하면서 선행과 정결로 요약하고 있다(약1:27). 또 야고보는 이 서신의 중심 부분에서 믿음과 행함에 대해 논하면서 행함이 없는 믿음은 죽은 믿음(약2:17)이라고 못 박고 우리가 의롭다 함을 얻는 것도 믿음으로만이 아니라 행함으로라고 말함으로써 바울의 칭의(稱義)교리를 보충해 주고 있다(약2:14-26). 이와 같은 야고보의 가르침은 마태복음 7장 22절의 교훈과 아주 비슷하다.

바울은 주로 이방 독자들을 상대하고 있었기 때문에 그들에게는 우선적으로 예수그리스도에 대한 믿음을 요구할 수밖에 없었다. 또 그 당시 예수를 믿는 사람은 이미 순교를 각오하고 믿는 행함이 전제된 믿음. 또한 유대인들(유대인 기독교인)은 행함은 있지만 예수에 대한 믿음이 약한 상태였다.

야고보서는 이미 예수를 믿는 신자들을 교육하며 훈련시키는 입장에 있었기에 그들에게 '믿음의 행함', 즉 행동하는 믿음을 가르친 것이다. 그래서 말로만 믿지 말고 행함을 보이라고 야고보서는 주장하고 있다.

야고보는 또 죄에 대해 독특한 정의를 내리고 있는데 곧 "사람이 선을 행할 줄 알면서도 행치 않는 것이 죄(약4:17)"라고 말한 것이다. 예수의 두 큰 계명이 모두 "하라!"는 것임을 염두에 둔다면 야고보가 단순한 범법 죄만 아니라 태만 죄를 강조하고 있는 것은 아주 독특하며, 오히려 바울의 사상보다 예수의 정신에 더 가깝다고 보아야 할 것이다. 그리고 죄에 대한 이런 정의가 행함에 대한 그의 강조와 연결된 것은 야고보에게 있어 아주 자연스런 일이며 신앙의 행함이 요구되는 모든 시대의 기독교인들에게 야고보서는 귀중한 경전으로 남게 될 것이다.

교회의 중심인물은 교사이다. 야고보가 편지 중간에 갑자기 일인칭 복수("우리가 가르치는 사람들", 약3:1)를 사용한 것으로 미루어 보아 야고보도 교사의 막중한 책임을 받은 사람 중의 하나임에 틀림없다. 교사에게 제일 중요한 것은 "인생의 전 과정에 영향을 미치는 혀를 제어하기 위해 입에 재갈을 물리는 것(약3:3-5)"이다. 말은 늘 열매를 맺는다

내 형제들아 어찌 무화과나무가 감람 열매를, 포도나무가 무화과를 맺겠느뇨 이와 같이 짠 물이 단 물을 내지 못하느니라(약3:12)

그러므로 혀를 제어할 수 있는 사람은 온전한 사람이다. 혀를 제어한다는 것이 말을 적게 하는 것을 물론 의미할 수 있다. 그러나 이 본문을 적극적으로 해석하여야 한다. 혀를 제어하는 것은 말한 대로 사는 것을 의미한다. 말한 것을 모두 선행으로 입증할 수 있다면, 그는 온전한 사람이다. 그는 좋은 열매를 맺는 나무가 될 수 있다. 야고보의 중심적 관심사는 인내와 지혜를 간구하라(약1:2-5)는 선언에서 잘 나타나 있다. 믿음의 시련이 있을 때 인내도 자란다. 이러한 시련은 하나님이 주신 것이 아니라, 인간의 내부에서 일어나는 그릇된 동기와 악한 욕망에 의해서다(약1:2-3, 13-15). 이 시험을 이겨라. 지혜를 구하는 사람에게 요구되는 자세는 "믿음의 성실성"이다(약1:6). 야고보서 3장 17절은 위로부터 오는 지혜(순결, 평화, 관용, 양순, 자비, 선행)를 강조하며, 야고보서 3장 18절은 지혜의 열매로 평화와 위로를 강조한다. 지혜와 총명은 선행으로 입증되어야 한다. 만약 선행으로 입증되지 않는 지혜와 총명은 "위로부터 내려온 것이 아니요 세상적이요, 정욕적이요, 마귀적"이다(약3:15) 세상적인 지혜나, 정욕적인 지혜, 그리고 마귀적인 지혜를 가지고 선생을 하는 것은 "더 큰 심판을 받을 수" 있다(약3:1). 그래서 우리는 선생이 되려고 너무 신경을 쓰지 말아야 한다. 선생은 선행으로 자신이 가르치는 지혜를 입증하지 않으면 더 큰 심판을 받을 것이기 때문이다.

> 내 형제들아 너희가 여러 가지 시험을 만나거든 온전히 기쁘게 여기라 이는 너희 믿음의 시련이 인내를 만들어 내는 줄 너희가 앎이라 인내를 온전히 이루라 이는 너희로 온전하고 구비하여 조금도 부족함이 없게 하려 함이라 너희 중에 누구든지 지혜가 부족하거든 모든 사람에게 후히 주시고 꾸짖지 아니하시는 하나님께 구하라 그리하면 주시리라(약1:2-5)

야고보서는 로마 황제 도미티안의 박해 속에서 성도의 갈 길을 제시하는 성경이다. 우리가 박해의 때를 사는 방법은 인내이다. 여기서 시험도 단순히 우리가 당하는 사탄의 유혹 정도가 아니라, 로마 황제 숭배교로의 개종을 의미하는 것이다. 그 당시 그리스도인들은 황제를 숭배한다고 결정하면 살고, 예수를 믿기로 하면 죽는 절박한 상황에 처해있었다. 그 유형도 여러 가지여서 여러 종류의 시험이 있었다. 그 당시를 살아가는 사람들에게 가장 현실적인 선택은 잠시 그리스도를 떠나는 일이었다. 그러나 행함이 있는 믿음을 강조하는 야고보서에서 그리스도인들에게 야고보가 요구하는 중요한 원칙은 인내였다.

어려운 일이 있으면 우리의 인내 지수가 높아져야 한다. 달콤한 것이 앞에 있을 때도 우리는 인내 지수를 높여야 한다. 요셉이 보디발의 아내의 요구에 찬지 못하고 응답했다고 한다면 그이 비전은 물거품이 되었을 것이다. 그가 비전의 사람일 수 있었던 중요한 이유는 인내 지수가 평범의 수준을 웃돌았기 때문이다.

야고보의 리더십은 행동하는 실천적 리더십이다. 믿음이 관념으로 존재하면 그것은 영향력일 수 없다. 믿음은 늘 행동과 동반되어 나타나야 능력이 된다. 특히 도미티안 황제의 박해라고 하는 어려운 상황을 지나는 동안 인내하는 리더, 지혜로운 리더가 필요하다. 그래서 야고보는 인내와 지혜를 강조한다. 또한 로마 황제 숭배교의 인간숭배 사상에 맞설 참교사가 필요하다. 그래서 야고보는 교사의 중요성을 강조하고, 교사라면 혀에 재갈을 물린 자라고 정의한다. 믿음의 성실성을 가지고 혀를 재갈 물린 인내하고 지혜로운 교사가 야고보가 바라보는 리더상이다. 우리가 진정 리더가 되려면 혀를 재갈 물리는 일을 감당할 수 있어야 한다.

5

열정의 사람, 베드로

베드로전서에 나타난 베드로의 리더십

베드로전서는 제1부 세례예식 설교와 제2부 세례예식에 참석했던 전체 회중에게 주는 설교로 구성되어 있다. 세례예식 설교는 ① 감독의 엄숙한 개회기도(벧전1:3-12) ② 세례 후보자에 대한 공식적인 훈시(벧전1:13-21)와 이어서 실제로 세례를 베풀고 ③ 새로 세례 받은 자들에 대한 환영의 말씀(벧전1:22-25) ④ 성례전 생활의 근본에 대한 교훈(벧전2:1-10) ⑤ 새로 세례 받은 자들에게 주는 기독교 제자직의 의무들에 관한 말씀(벧전2:11-4:11)으로 되어 있다.

베드로는 박해를 당하고 있는 기독교인들을 격려하면서 그들이 맨 처음 세례 받고 기독교인이 될 당시의 첫 결심과 감격을 되살려 주기 위해 앞에 세례 예식설교를 첨가한 것이다. 이렇게 함으로써 독자들로 하여금 핍박의 상황에 직면해서도 "영원한 영광"에 대한 "산 소망"을 갖게 하려고 했다.

베드로전서에서 기독교인은 "다시 나서(벧전1:3)" 미래의 새 시대의 성취에 대한 새로운 소망을 갖는 존재들이다. 그러한 소망의 근거는 물론 "그리스도의 부활이다." 그 소망의 현재적 기반은 하나님의 약속("주의 말씀은 영원하도록 있도다", 벧전1:25)과 믿음의 공동체(교회, 벧전2:5)의 집단적 힘이다.

그러므로 믿음의 사람은 그 공동체 안에서 영적 성숙을 향해 성장해야 한다(벧전2:1-3). 공동체 내에서는 "한 마음을 품고 서로 동정하고 형제를 사랑하고 자비심을 갖고 겸손히 행해야 한다(벧전3:8). 끝까지 믿음을 잃지 않는 자들에게는 "변하지 않는 영광의 면류관(벧전5:4)"을 주시고, 그 때 하나님은 자기 백성을 최종적으로 그리고 완전하게 굳세게 세워 줄 것이다.

베드로전서의 리더십은 핍박의 때를 이기는 리더십이다. 핍박의 때에 베드로전서는 예수를 처음 만났을 때의 감격으로 돌아가자고 선포한다. 그것이 세례 받을 때의 감격을 설교하는 이유이다. 문제가 해결되지 않을 때 우리는 다시 처음부터 차근차근 생각하면 좋은 해결 방안을 발견할 수 있다. 문제를 뿌리로부터 점검하여 뿌리의 힘으로 지금의 고난을 이기려고 하는 베드로전서는 우리에게 리더로 세상을 사는데 많은 의미를 던져 주고 있다.

진정 리더라면 영원한 것이 무엇인지 분명히 알아야 한다. 리더는 이제 영원한 것에 모든 것을 걸 수 있어야 한다. 순간적인 것은 재미있게 한다. 그러나 영원한 것은 기쁘게 한다. 우리에게 진정한 기쁨이 없는 이유가 무엇인가? 어쩌면 너무 찰라적이고, 순간적인 재미에 우리의 인생을 허비하고 있기 때문은 아닌가? 그러므로 베드로전서의 리더십은 영원을 품는 마음이라고 할 수 있다.

베드로후서에 나타난 베드로의 리더십

베드로후서는 하나님과의 바른 관계를 낳는 "지식"을 강조한다(벧후1:2,3,8; 2:20; 3:18; 참고 호6:6). 이 지식의 최종 목적은 "하나님의 성품을 함께 가지는 자들"이 되는 것이다. 종말이 지연된다 할지라도 거짓 교사들처럼 그리스도를 아는 지식을 버리지 말고, 거룩한 행실과 경건으로 끝까지 그 날을 기다리라는 것이다(벧후3:12-14).

거짓 교사들도 한때는 "주시요 구주이신 예수 그리스도를 아는 지식으로 세상의 더러운 것들을 피했으며(벧후2:20)", "의의 길을 알았던(벧후2:21)"자들이다. 그러나 그들은 하나님에 대한 지식을 버리고, 바른 길을 버리고, 세상에 다시 붙잡혀 그릇된 행동을 하며 저주의 자식, 멸망의 종들이 되었다(벧후2:13-19). 그래서 유다서 저자는 이들을 "개가 제가 토한 것을 다시 먹는 것, 몸을 씻은 돼지가 다시 더러운 우리에서 뒹군다"는 내용의 속담을 통해 비판하였다.

베드로후서는 거짓 교사에 대해 일관성에 문제가 있는 사람이라는 설명을 한다. 그들도 처음에는 그리스도를 알았고, 의의 길을 알았으나 일관되게 그 길을 가지 못한 자들이다. 그러므로 베드로후서가 강조하는 리더십은 일관성이다. 일관성의 결여는 리더에게 심각한 타격을 준다. 리더라면 열정과 일관성을 동시에 갖추고 있어야 한다. 열정만 있으면 순간적으로 불붙는 일들이 있으나, 그 일의 결과를 보지는 못할 것이다. 그러나 일관성과 열정을 동시에 갖추고 있는 리더라면 아름다운 일들의 열매를 볼 수 있을 것이다.

> 만일 저희가 우리 주되신 구주 예수 그리스도를 앎으로 세상의 더러움을 피한 후에 다시 그 중에 얽매이고 지면 그 나중 형편이 처음보다 더 심하리니 의의 도를 안 후에 받은 거룩한 명령을 저버리는 것보다 알지 못하는 것이 도리어 저희에게 나으니라(벧후2:20-21)

베드로후서는 리더라면 그리스도를 알아가야 한다고 주장한다. 그들은 그리스도를 알아 가는 데에서 자라야 한다. 그들의 믿음의 성장은 그리스도를 알아 가는 데 있다. 그들은 이제 그리스도를 진정으로 알아 가는 노력을 기울여야 한다. 그리스도에 관하여 아는 정보의 축적은 그들에게 별 의미가 없다. 그들은 이제 그리스도를 직접 경험적으로 알아 가려는 노력을 기울여야 한다. 그들은 예배를 통하여 그리스도를 알아 가는 것이 결국 그들의 모든 내적인 갈등을 이기게 하는 힘이다. 내적인 문제는 그리스도를 진정으로 알면 해결된다.

나중 형편이 더 어려워진 것은 무슨 이유인가? 리더는 이제 진정으로 나중 형편이 더 좋아 지는 삶을 살아가야 한다. 지금보다 나은 미래를 리더는 꿈꾸며 살아가야 한다. 리더는 이제 진정으로 그리스도를 알고 다시는 세상으로 돌아가지 않음으로 나은 미래를 열어 가는 노력을 기울여야 한다.

부록

십계명 / 사도신경 / 주기도문

1. 십계명
2. 새로 번역된 주기도문과 사도신경

1

십계명
(The Ten Commandments)

〈박준서, 『십계명 새로 보기』(서울: 한들출판사, 2002)에서 발췌한 것임〉

십계명의 서언(序言)

> 하나님이 이 모든 말씀으로 말씀하여 이르시되 **나는 너를 애굽 땅 종 되었던 집에서 인도해 낸 네 하나님 여호와니라** (출20:1-2)

십계명의 말씀은 이렇게 시작되고 있다. "나는 너를 애굽 땅, 종 되었던 집에서 인도해 낸 너의 하나님 여호와로라(출20:2)" 십계명을 이스라엘의 헌법이라고 한다면, 이 말씀은 헌법의 전문(前文)에 해당하는 말씀이다. 이 말씀은 십계명을 주시기 전에, 먼저 하나님이 어떤 분이신가 하는 것을 밝혀 준다.

첫째, 하나님은 이스라엘을 향해서 "나는 너의 하나님이다"

라고 말씀하신다. 이것은 하나님과 이스라엘의 관계를 분명하게 보여 준다. 이스라엘은 하나님의 백성으로 성별(聖別)된 백성이요, 그러므로 그들은 성별되고 바른 삶을 살아야 한다. 둘째, 이 십계명의 서언은 하나님의 이름이 여호와이심을 알려 주고 있다. 우리들이 여호와라고 부르는 하나님의 이름은 히브리어 본래의 발음대로 하면 "야웨(Yahweh)"가 된다. 셋째, 하나님은 이스라엘을 "애굽 땅 종 되었던 집에서 인도하여 내신 하나님"이다. 하나님은 "출애굽의 하나님"이시요, 노예의 상태에서 해방시킨 "구원의 하나님"이시다. 출애굽의 역사는 하나님께서 이스라엘에게 값없이 베풀어 주신 은총의 역사였다. 이제 하나님께서는 출애굽의 해방으로부터 한 걸음 더 나가서, 이스라엘 사람들이 하나님의 백성으로서 살아갈 길까지 가르쳐 주셨다. 이스라엘의 역사는 은총에서 은총으로 이어지는 하나님의 사랑의 역사였다.

유대인들의 전통에서는 이 십계명의 서언을 제1계명으로 생각하고 있다. 그들의 해석에 따르면, 이 서언의 말씀은 단순히 하나님이 누구이신가 하는 것을 알리는 것만이 아니라고 한다. 이스라엘은 출애굽의 하나님, 구속주 하나님을 언제나 기억하고 그를 섬겨야 한다는 뜻이 함축되어 있다고 한다. 즉 이 서언의 말씀은 "애굽 땅 종 되었던 집에서 인도해 낸 하나님을 기억하고 섬기라"는 명령이 포함되어 있다고 해석한다. 따라서 이 계명이 첫째 계명이 된다고 한다. 기독교 전통에서는 이 말씀을 계명으로 생각하지는 않는다.

제1계명

너는 나 외에는 다른 신들을 네게 두지 말라(출20:3)

제1계명은 구약 신앙의 대원칙을 선언하고 있다. 유일하신 하나님만을 믿고 섬기는 유일신 신앙은 이스라엘 신앙의 기반이요, 지주가 된다. 유일신 신앙이 흔들린다면, 이 이스라엘 신앙은 완전히 와해가 되 버리고 만다. 구약의 유일신 신앙을 가장 잘 요약해 주고 있는 것은 신명기에 기록된 "쉐마(Shema, 들으라)"이다.

> 이스라엘아 들으라! 우리 하나님 여호와는 오직 하나이신 여호와이시니 너는 마음을 다하고 성품을 다하고 힘을 다하여 네 하나님 여호와를 사랑하라(신6:4-5)

이스라엘은 하나님 한 분만을 섬겨야 하며, "다른 신"들을 섬길 수 없다. 이 원칙은 이스라엘이 하나님을 버리고 다른 신을 따라가는 것을 금지하는 것일 뿐만 아니라. 하나님과 함께 동시에 다른 신을 섬기는 것도 금지하는 것이다. 여호와 하나님을 섬기면서 동시에 다른 잡신들을 섬길 수는 없다. 한 분 하나님 여호와는 절대적인 신앙과 전적인 충성을 요구하신다. 이 점에 있어서 어떠한 타협이나 관용도 허락되지 않는다. 이스라엘의 유일신 신앙은 우상숭배뿐만이 아니라 혼합 종교도 결코 용납하지 않는다.

구약시대 이스라엘 사람들은 "다른 신들"의 홍수 속에 살았다. 태양 신, 달 신, 폭풍의 신, 산 신, 강 신, 질병의 신 등은 말할 것도 없고, 각 도시마다 수호신이 있었다. 이렇게 "다른 신들"로 가득 찬 세계 속에서, 이스라엘 사람들이 유일신 신앙을 고수하는 것은 쉬운 일이 아니었다. 그들은 부단히 다른 신들의 유혹을 받았고 또 유혹에 넘어가기도 하였다.

이스라엘 사람들 앞에는 언제나 두 가지의 선택의 길이 놓여 있었다. 하나는 생명으로 이끄는 길이요, 다른 하나는 죽음으로 이끄는 길이다(신11:26-32; 30:15-20 참조). 여호와 하나님의 말씀을 따르고 순종하는 길은 생명과 축복의 길이요, "다른 신"을 따르는 길은 죽음과 멸망의 길이다. 그러나 어리석게도 대부분의 이스라엘 백성들은 죽음의 길을 택하였다. 예언자 에스겔은 "다른 신"을 따르며 죽음의 길을 걷고 있는 이스라엘 사람들을 향하여 가슴을 치며 외쳤다. "이스라엘 족속들아! 너희가 어찌하여 죽고자 하느냐... 죽는 자의 죽는 것은 내가 기뻐하지 아니하노니, 너희는 스스로 돌이키고 살찌니라(겔18:31-32)"

제2계명

> **너를 위하여 새긴 우상을 만들지 말고 또 위로 하늘에 있는 것이나 아래로 땅에 있는 것이나 땅 아래 물속에 있는 것의 어떤 형상도 만들지 말며 그것들에게 절하지 말며 그것들을 섬기지 말라** 나 네 하나님 여호와는

질투하는 하나님인즉 나를 미워하는 자의 죄를 갚되 아버지로부터 아들에게로 3, 4 대까지 이르게 하거니와 나를 사랑하고 내 계명을 지키는 자에게는 1,000대까지 은혜를 베푸느니라 (출20:4-6)

고대 시대로부터 인간들은 동물의 모습이나, 사람의 형태를 모방해서 많은 신들의 형상을 만들어 왔다. 창세기 31장에 기록된 야곱의 부인 라헬이 남편을 따라 가나안 땅으로 갈 때, 그의 아버지로부터 훔쳤던 드라빔도 일종의 가신상(家神像)이었다. 또한 이스라엘 민족이 종노릇한 애굽에서 발굴되는 피라미드의 벽화나 돌조각을 통해서도 잡다하게 많은 애굽 신들을 발견할 수 있다. 이렇게 무수하게 많은 신상들로 가득 찬 세계에 살고 있던 이스라엘 사람들을 향하여 하나님은 두 번째 계명, "우상숭배 금지"를 강력하게 명하신다. 신상이 없는 종교란 생각조차 할 수 없는 시대에, 이 명령은 실로 놀라운 말씀이 아닐 수 없었다. 여기에는 두 가지 의미가 크게 내포되어 있다.

첫째는 하나님의 백성인 이스라엘은 하나님 이외에는 어떠한 이방 신이든 "다른 신"의 신상을 만들거나 그것을 섬겨서는 안 된다는 뜻이다. 신들의 형상은 우상일 뿐이요, 이스라엘은 우상숭배를 해서는 안 된다는 것이다. 구약은 우상숭배가 얼마나 어리석고 가소로운 일인가를 여러 번 반복해서 말씀하고 있다(사44:15-20; 40:18-26; 41:7; 렘10:3-5 등).

둘째는 다른 신뿐만 아니라 "이스라엘의 하나님의 신상"도 만드는 것을 금지하라는 것이다. 즉 여호와 하나님의 신상을 만들어서는 안 된다는 뜻이다. 이스라엘의 하나님은, 하나님 자신 이외에는 어떠한 다른 형태나 형상으로도 묘사될 수도 없고 비교될 수도 없는 분이다. "너희가 하나님을 누구와 같다고 하겠으며, 무슨 형상에 비기겠느냐?(사40:18)"

이스라엘의 하나님은 온 우주를 창조하신 창조의 하나님이시다. 이 세상에 존재하는 모든 것은 피조물이다. 따라서 창조주 하나님과 피조물 사이에는 근본적인 구별과 차이가 있다. 양자는 결코 혼동될 수 없고 혼동되어서는 안 된다. 피조물인 인간의 육안으로서는 창조자의 영광을 바라볼 수 도 없다(출33:20). 이러한 창조주 하나님을 어떻게 피조물의 형상으로 나타낼 수 있을까? 그것은 불가(不可)한 일이요, 불가능한 일이다. 피조물을 초월하시는 초월적인 창조자를 물질적인 형태로 나타낼 수 없기 때문이다. 따라서 하나님은 어떠한 모양이건 간에 형상으로 만들어질 수 없다. 만일, 사람들이 하나님의 형상을 만든다면 그것은 하나님이 아니라 또 하나님의 "다른 신"에 불과한 우상인 것이다. 이스라엘의 하나님은 기본적인 종교적 욕구인 신의 형상을 만드는 일을 허락하지 아니하셨다. 그리고 신상들이 범람하던 그 당시 세계에서 신상이 없는 신앙(iconoclastic faith)을 강조하셨다. "신상이 없는 하나님에 대한 신앙"을 강조했음에도 불구하고 구약을 보면 이스라엘 사람들이 이 계명을 어긴 예가 몇 번 있다.

첫 번째 사건은 시내 산에서 일어났다. 시내 산에 올라갔던 모세가 빨리 내려오지 않자 이스라엘 사람들은 아론으로 하여금 금송아지를 만들게 하였다. 그리고 이들은 "이스라엘아! 이는 너희를 애굽 땅에서 인도해 낸 너의 신이로다"고 외쳤다(출32:4). 두 번째 사건은 솔로몬 왕이 죽은 후 여로보암이 북쪽 10지파를 분리하여 북이스라엘 왕국을 수립하였을 때 일어난다. 그는 단과 벧엘에 예루살렘 성전에 필적하는 성전을 세우고, 그 두 성전 안에 금송아지를 만들어 세웠다(왕상 12:25). 이 두 사건은 금송아지를 만들어서 섬겼다는데 그 공통점이 있다. 금송아지를 만들었다는 것은 금송아지를 하나님의 신상으로 생각하여 금송아지를 섬겼다는 뜻이 아니다. 지금까지 고고학자들이 발굴한 고대 근동 지역의 신상을 보면, 신들이 황소의 등 뒤에 서 있는 모습으로 묘사된 경우를 많이 볼 수 있다. 즉 황소는 신들이 서있는 일종의 발판으로, 황소는 힘과 다산(多産)의 상징이었다. 이러한 고고학적 증거를 볼 때, 이스라엘 사람들이 만들었던 금송아지는 그 자체가 하나님의 신상이었다기 보다 하나님이 서 계신 발판으로써 만든 것이라 할 수 있다. 즉 하나님께서는 보이지 않는 모습으로 금송아지 위에 서 계신 것으로 생각했다.

또한 유다 왕국 므낫세 왕은 예루살렘 성전 안에 "아로새긴 아세라 목상"을 세우게 한 적이 있다(왕하21:7). 아세라는 바알 종교의 여신이고, 그 신상은 나무로 만든 목상이었다. 반면에 바알은 돌로 만든 석상이었다. 그래서 이들 신상들을 없애 버리라는 구약의 말씀을 보면, "바알의 신상은 깨뜨리고, 아세라 신상은 불살라 태워 버리라"고 되어있다(신12:3). 이와 같은 므낫세 왕의 죄는 결단코 용서 받지 못할 죄였고, 결국 하나님의 징벌로써 유다 왕국이 멸망하게 되는 중요한 원인이 되었다(왕하23:26).

이스라엘 사람들은 하나님의 신상이 없었다. 그 대신 그들에게는 법궤가 있었다. 법궤는 아카시아 나무로 만든 과히 크지 않은 나무 상자였다(길이 약 135㎝, 너비 75㎝, 높이 75㎝). 법궤는 하나님께서 이스라엘과 함께 계신다고 하는, 하나님의 임재하심을 상징하는 것이었다. 그 법궤 안에는 십계명을 적은 두 돌판이 들어 있었다(출25:16; 신10:1-5). 이것은 이스라엘의 신앙 특징을 잘 말해 준다. 이스라엘 신앙에서는 이방 종교와는 달리 신상이 그 중심이 아니라. 하나님의 말씀(법궤 안에 들어있는 두 돌판)이 그 중심이 되었다.

오늘날 우리들은 구약시대의 사람들처럼 신상을 만든다거나 금송아지를 만드는 어리석음은 범하지 않는다. 현대적인 의미에서는 한 분 하나님 이외에 어떤 것이든 그것을 섬기는 일체의 행위는 우상숭배가 된다. 창조주 하나님께 돌려야 할 영광과 찬양을 피조물에게 돌리는 것은 우상숭배이다(롬1:25 참조). 상대적인 존재에게 절대적 가치를 부여하는 것, 상대적인 것을 절대화시키는 것, 이런 것들이 바로 우상숭배이다. 그러므로 물질이나, 돈이나, 재산이나, 명성이나, 명예나, 사회적 지위나, 권세나, 과학기술이나, 사람이 만든 이데올로기나, 심지어 자신들이 믿는 교회나 교단이 최고로 여기고 이것들에 대해 절대적 가치를 부여하고 절대화시킨다면, 그것이 바로 현대적인 우상숭배가 되는 것이다.

제3계명

> **너는 네 하나님 여호와의 이름을 망령되게 부르지 말라** 여호와는 그의 이름을 망령되게 부르는 자를 죄없다 하지 아니하리라 (출20:7)

십계명 중에서 가장 그 뜻을 분명히 이해하기 어려운 것이 제3계명이라 할 수 있다. 하나님의 이름을 망령되이 일컫는다는 말은 무슨 뜻인가?

첫째, "하나님 이름을 함부로 부르지 못한다"는 해석 입장이다. 우리나라에서 웃어른의 이름을 함부로 부르지 못했던 것과 같이 하나님의 이름도 함부로 부르지 못한다는 뜻으로 공동 번역 성서가 번역한 것이다. 사실 유대인은 역사적으로 보면, 이 계명을 그런 뜻으로 생각하기도 했다. 그래서 성경에 하나님의 이름이 나오면 하나님의 이름을 직접 부르지 못하고, 그 대신 "나의 주(主)님"이라는 뜻을 가진 "아도나이(Adonay)"라고 발음하였다. 그러다가 결국 자음만으로 쓰여졌던 히브리 구약성서에 모음을 붙일 때 하나님의 이름인 YHWH 자음 글자에 "아도나이(주님)"이라는 말의 모음을 붙여서 여호와(Yehowah)라는 이름이 생겨나게 되었다. 따라서 "여호와"는 하나님 이름의 본래 발음이 아니라, 하나님 이름인 자음 글자(YHWH)에다 "주님"이라는 말의 모음이 붙여져 만든 합성어이다.

둘째, "하나님의 이름으로 거짓 맹세하지 말라"는 해석이다.

유대인들이 해 온 해석으로 가장 오래되고 전통있는 해석으로 여겨졌었다. 거짓 맹세를 하는데 하나님의 이름을 사용해서는 안된다는 뜻으로 생각해 온 것이다. 구약시대 이스라엘 사람들은 굳은 맹세를 할 때, 하나님의 이름으로 맹세하였다(신6:13). 맹세할 때 잡신들의 이름으로 하라는 말씀이다. 그러나 거짓 맹세를 할 때 하나님의 이름을 사용하는 것을 엄격히 금하고 있다. "너희는 내 이름으로 거짓 맹세함으로 네 하나님 이름을 욕되게 하지 말라(레19:12)" 하나님의 이름으로 맹세하는 규정에 관한 맥락에서 제3계명은 하나님의 이름으로 거짓 맹세를 하는 것을 금하는 것이라고 유대인들은 해석해 왔다.

셋째, "다른 사람을 저주하는데 하나님의 이름을 사용해서는 안 된다"는 해석이다. 고대인들은 신들의 이름으로 다른 사람을 저주했을 때 그 저주가 실제로 이루어진다고 생각했다. 즉 신들의 이름으로 하는 저주는 주술적인 힘을 가졌다고 믿었다. 그래서 오늘날 고고학자들은 이스라엘 주변의 나라들에서 고대의 많은 "저주 문서" 기록들을 발굴해 내고 있다. 신들의 이름으로 다른 사람을 저주하는 일이 많았던 고대 시대에, 제3계명은 이스라엘 사람들이 결코 남을 저주하는 일에 거룩하신 하나님의 이름을 사용해서는 안 된다는 것을 천명한 것이라는 주장이 이 해석의 입장이다. 이러한 해석과 주장들은 모두 일리가 있는 것이다. 그러나 이러한 해석들이 제3계명의 뜻을 충분히 드러내는가? 여기서 우리는 본문의 의미를 좀 더 자세히 살펴볼 필요가 있다.

"하나님의 이름을 망령되이 일컫지 말라"에서 "망령되이

(shawe', 샤베)"라는 말은 적어도 세 가지의 뜻을 가지고 있다. 첫째는 "헛되다", "비어있다"는 뜻이다. 한글 성경에 "망령되이"라고 번역한 것은 바로 이 의미로 번역한 것이다. 둘째는 "가치 없다"는 뜻을 가지고 있다. 이 경우 제3계명의 뜻은 가치 없는 일에 하나님을 내세우지 말라는 뜻이다. 셋째로 "샤베"는 거짓, 속임이라는 뜻을 가지고 있다. 신명기에 기록되어 있는 십계명 중에서 제9계명을 보면 "네 이웃에 거짓 증거하지도 말찌니라(신5:20)"고 되어 있다. 여기서 거짓이라는 "샤베"를 번역한 것이다(사5:18; 출23:1 참조). 이 경우, 하나님의 이름을 거짓되게, 거짓된 목적으로 드러내 세우지 말라는 뜻이 된다.

창조주 하나님의 이름은 영광과 찬양의 대상이 되어야 하며 인간의 다른 목적을 위한 수단으로 이용될 수 없다는 뜻이다. 앞으로는 하나님의 이름을 내세우면서 뒤로는 인간의 다른 숨은 목적이 있다면 제3계명의 위반이 된다.

제4계명

> **안식일을 기억하여 거룩하게 지키라** 엿새 동안은 힘써 네 모든 일을 행할 것이나 일곱째 날은 네 하나님 여호와의 안식일인즉 너나 네 아들이나 네 딸이나 네 남종이나 네 여종이나 네 가축이나 네 문 안에 머무는 객이라도 아무 일도 하지 말라 이는 엿새 동안에 나 여호와가 하늘과

땅과 바다와 그 가운데 모든 것을 만들고 일곱째 날에 쉬었음이라 그러므로 나 여호와가 안식일을 복되게 하여 그 날을 거룩하게 하였느니라(출20:8-11)

안식일은 "일"이 금지된 날이다. 그러면 여기서 금지하고 있는 "일"이란 무엇인가? 안식일 위반으로 사형을 당하는 상황에서 이 문제는 심각한 문제였다(민15:32-26 참조). 그러나 구약성서는 해서는 안 되는 그 "일"에 대하여 명백하게 정의를 내려 주지 않는다. 그래서 유태인들은 구전법을 통해서 안식일에 해서는 안 될 "일"의 목록을 발전시켰다. 그래서 결국 39가지 종류의 금지된 일이 규정화 되었는데 미슈나에 기록된 39가지의 안식일에 금지된 일을 열거하면 다음과 같다: 씨 뿌리는 일, 밭 가는 일, 수확하는 일, 곡식단 묶는 일, 켜질하는 일, 곡식 고르는 일, 맷돌질 하는 일, 반죽하는 일, 체질하는 일, 빵 만드는 일, 양털 깎는 일, 표백하는 일, 짐승 털 다듬는 일, 염색하는 일, 물레 돌리는 일, 끈으로 고쳐매는 일, 바늘귀 꿰메는 일, 모직물 직조하는 일, 분류하는 일, 끈매는 일, 푸는 일, 바느질 하는 일, 찢는 일, 사냥하는 일, 짐승 잡는 일, 가죽 벗기는 일, 고기를 소금에 절이는 일, 가죽 처리하는 일, 닦는 일, 자르는 일, 글씨 쓰는 것, 지우는 것, 건축 일, 허무는 일, 물건 짐 나르는 일, 불 켜는 것, 끄는 것, 안식일 전에 했던 일을 끝마치는 일.

안식일에 자기 아이를 안아 주는 것은 무방하지만 책을 들고 있는 아이를 안아 주면 위반이 된다. 아이의 손이 책을 이동시킨 일을 했기 때문이다. 그러나 안식일에 관하여 중요한 것은 머리카락처럼 세밀한 율법 규정을 만들고 그것을 기계적으로 준수하는 것이 아니다. 그보다 안식일 제도의 정신과 그 뜻을 이해하는 일이 더 중요하다.

구약에서 말하는 안식일은 일을 하지 않는 날, 즉 6일 동안 하던 일을 중지하는 날이다. 그렇다고 해서 아무 일도 하지 않는 날이 아니다. 안식일은 창조주 하나님과 출애굽의 하나님(출20: 11), 곧 구속주 하나님(신5:15)을 기억하는 날이다. 안식일은 아무것도 하지 않는 식물인간이 되는 날이 아니다. 일상적인 일을 중지하고(안식일의 소극적 의미), 창조주 하나님과 출애굽의 구속주 하나님을 기억하고, 그를 찬양하고 감사하며, 예배하는 것이다(안식일의 적극적 의미).

구약의 안식일은 앞으로 올 6일 동안의 일을 위해서만 필요한 것이 아니다. 안식일은 새 일을 하기 위한 중간의 휴식만이 아니라 지난 6일 동안의 일의 완성이요, 그 절정인 것이다. 창세기의 기록을 보면, 제7일 안식일은 하나님께서 복 주시고, 거룩하게 하신 날이다(창2:3). 창세기 1-2장에 기록된 모든 피조물 중에서 하나님께서 거룩하게 만드신 것은 오직 안식일 뿐이었다. 이 날은 하나님께서 특별히 거룩하게 만드신 하나님의 날이다. 그러므로 안식일은 시간의 여왕이라 불리기에 적합한 날이다.

안식일은 우리 인간들로 하여금, 사람은 "떡으로만 사는 것이 아니라"고 하는 진리를 깨우쳐 주는 날이다. 이날은 "생명의 떡"을 먹는 날이요, 땅 밑을 바라보던 눈을 들어 영원한 세계, 초월적인 영역을 바라보는 날이다. 기독교인들은 일주일의 제7일인 안식일을 지키지 않고, 제1일이 되는 주일(主日)을 지키고 있다. 신약 복음서의 기록을 보면, 예수님은 금요일 오전에 십자가에 달리셨고, 일요일 새벽에 부활하셨다. 주님께서 부활하신 날이 주님의 날 곧 "주일"이다. 주일은 창조한 하나님과 구원의 하나님을 찬양하고 예배하는 날이며 한 걸음 더 나아가서 부활하신 주님을 내 삶의 중심에 영접하는 날이다.

제5계명

> **네 부모를 공경하라** 그리하면 네 하나님 여호와가 네게 준 땅에서 네 생명이 길리라 (출20:12)

부모를 공경하라는 이 계명은 앞에 나온 네 가지 계명들(하나님과의 관계에 대한 계명들)과 뒤에 오는 다섯 가지 계명들(이웃에 관한 계명들) 사이에서 양쪽을 연결해 주는 고리와 같은 역할을 하고 있다. "하나님(elohim, 엘로힘)"이라는 말은 제1계명에서 제5계명까지만 사용되고 있다. 이러한 사실은 우연한 일이라고 볼 수 없다. 제5계명까지는 하나님과 관련된 계명이요, 제6계명부터는 이웃과의 관계를 말씀한 계명임을 분명히 보여 주고 있는 것이다.

부모를 공경하라는 말씀이 어떻게 하나님과 관련이 있는가? 부모는 나에게 생명을 주신 분이다. 이런 뜻에서 부모는 나에게 있어서 내 생명의 창조주가 되는 존재이다. 그런데, 모든 생명의 근원은 창조주 되신 하나님이시다. 그러나 나의 부모가 없이는 나의 생명이 잉태되는 하나님의 창조 역사는 이루어질 수 없었다. 그러므로 나를 낳아 주신 부모는 나의 삶에 있어서, 하나님의 창조 사업에 있어서 동역자의 위치에 있는 것이다. 그러므로 구약성경은 하나님에 대한 인간의 태도와, 부모에 대한 자식의 태도를 동등하게 취급하고 있다. "너희 각 사람은 부모를 경외하라(레19:3)" 구약에서 경외라는 말은 하나님께 대한 태도에 관해서 쓰이는 말이다(잠1:7, 욥28:28 등). 그러므로 부모를 경외하지 않는 것은 단순히 인간관계가 잘못된 것만이 아니다. 궁극적으로 생명의 원천이 되는 하나님을 공경하지 않는 것이고, 곧 창조주에 대한 불경이 되는 것이다. 따라서 구약에서는 부모에 대해서 범한 범죄는 하나님께 대한 범죄와 같은 형벌로 처벌하고 있다. 즉 부모에 대한 죄의 형벌은 하나님께 대한 죄의 형벌과 같은 사형(死刑)이었다(출21: 15; 레20:9; 레24:15; 신27:16 참조).

그러면 어떻게 하는 것이 부모를 공경하는 것일까? 무엇보다도 먼저 중요한 것은 부모에 대하여 감사하고 순종하는 것이다. 또한 나이 많아 생산적인 활동을 중지한 부모를 모시는 일이다. 생산적인 활동을 하면서 자녀를 돌보아 주고, 물질적인 도움을 주는 부모를 공경하는 것은 어려운 일이 아니다. 그러나 연로하여 육체적으로 약하고 활동조차 자유롭지 못한 부모, 심신이 극도로 노쇠하여 정상적인 생활을 하기가 힘든 부모를 공경하기란 쉬운 일이 아니다. 그러나 이런 경우를 위해서 제5계명은 더욱 필요한 것이다. 노년의 부모는 인생의 안식년을 맞고 있는 분들이다. 일주일에 6일은 일하고 제7일에는 모든 일을 중단하고 휴식하는 것처럼, 노년은 인생의 안식일이라고 말 할 수 있다. 그러므로 자녀들은 나이 많은 부모가 인생의 안식일을 평안히 쉴 수 있도록 공경하고 보살펴 드려야 할 책임과 의무가 있는 것이다.

부모를 공경하라는 제5계명은 자식들에게만 향하는 말씀이 아니다. 이것은 동시에 부모에게도 향한 말씀이 된다. 즉 공경을 받을 수 있는 부모로서의 책임을 말씀하는 것이다. 자녀들에게 물질적인 것으로만 충족하게 해 주는 것으로서 부모의 책임이 끝나는 것은 아니다. 부모의 가장 중요한 책임은 신앙 유산을 물려주는 부모가 되어야 한다. 이스라엘 사람들에게 가정은 가장 중요한 신앙의 교육장이었고, 부모는 가정의 훌륭한 종교 교육가였다.

제6계명

살인하지 말라 (출20:13)

인간은 존귀한 존재이고 인간의 생명은 하나님이 주인이시다. 인간의 생명이 존엄성을 갖는다는 것은 두 말할 나위도 없다. 그것은 하나님께서 인간을 창조하실 때 "하나님의 형상"대로 만드셨다는 말씀에 잘 드러나고 있다. 그러나 여기서 명심할 점이 있다. 그것은 인간이 존귀한 존재이지만, 인간의 존엄성은 인간 자체에서 스스로 나오는 것이 아니라는 점이다. 인간은 어디까지나 하나님께서 창조하신 피조물에 불과한 것이다. 하나님께서 우리 인간을 존귀한 존재로 만드셨기 때문에 귀한 것이요, 하나님을 떠나서, 하나님과의 관계가 단절된 인간은 근본적으로 다른 동물과 다른 점이 없다는 것이다. 인간은 인간 스스로 주인이 될 수 없다. 인간의 주관자는 하나님이시요, 생명의 주인은 창조주 하나님이시다. 인간 생명이 귀하다는 근거는 그것이 하나님께 속하였다는 데 있다. 하나님은 인간의 생명을 창조하시고, 주관하시고 관할하신다.

그러면 사람을 죽인다는 것은 무엇을 뜻하는 것인가? 사람이 다른 사람의 생명을 빼앗는다는 것은 생명의 주인이신 하나님으로부터 생명을 도적질하는 것과 같은 것이다. 다른 사람을 죽인다는 것은 생명을 주관하는 하나님의 권한을 침범하는 것이다. 인간은 스스로 생명의 주인이 아니기 때문에 자기의 생명까지도 마음대로 처분할 수가 없다. 하물며 다른 사람의 생명에 손을 댈 수가 없는 것이다. 그것은 하나님만이 하실 수 있는 하나님의 고유한 권한이다. 그러므로 하나님의 고유 권한을 침해하는 살인자는 출애굽기 21장 14절에 보면 "하나님의 제단에서라도 잡아 내려 죽여야" 했다.

구약성서는 고살(故殺)과 오살(誤殺)을 구분한다. 다른 사람을 해칠 만한 물건, 예컨대 철 연장, 돌, 나무 연장으로 사람을 죽인 경우, 고의로 높은 데서 사람을 밀쳐서 떨어뜨려 죽인 경우, 일부러 무엇을 던져 죽인 경우, 원한을 품고 손으로 쳐서 죽인 경우(민35:16-21), 잠복하고 있다가 사람을 기습하여 죽인 경우(신19:11) 등의 경우에는 고살죄가 된다. 그런데 고살죄로 규정하는 데는 이러한 외형적인 것과 함께 살인의 동기가 중요하다. 그것은 다른 사람을 "미워하는 마음"이다. 즉 다른 사람을 미워하는 마음, 증오심을 갖고 사람을 죽인 경우에는 고살죄가 되는 것이다(민35:20-21; 신19:6,11). 반면에 미워하는 마음 없이 실수로 사람을 죽인 경우, 예를 들면 산에서 벌목을 하다가 도끼가 자루에서 빠져서 옆 사람이 맞아서 죽은 경우(신19:4-5), 보지 못하고 던진 돌에 사람이 맞아서 죽은 경우(민35:22) 등은 오살이 된다. 그러나 오살도 결과적으로 사람을 죽인 것이므로, 이러한 오살의 경우를 위해서 구약은 도피성(逃避城)제도를 마련해 놓았다(신19장; 수20장 등).

고살죄에 대해서 구약은 엄격한 규정을 두고 있다. "살인죄를 범한 고살자의 생명의 속전을 받지 말고 반드시 죽이라(민35:31)." 이 말씀은 첫째로, 고살죄는 속전(贖錢)을 받고 죄를 용서해 줄 수 없다는 것이다. 속전이란 지은 죄를 속하기 위해서 바치는 돈이다. 짐승을 죽인 경우는 속전으로 문제가 해결되었다(출21:33-34). 그러나 사람을 죽인 경우에는 고살이나, 오살이나를 불문하고 속전 제도가 적용될 수가 없었다. 이것은 사람의 생명은 다른 동물과는 근본적으로 다른 것임을 말해 준다. 둘째로, 이 말씀은 고살자에 대한 사형을 규정하고 있다. 고의로 사람을 죽인 자는 속전으로 해결될 수 없고, 반드시 살인자의 피로써만 대가를 지불해야 된다는 것이다. 구약은 살인을 금지하는 동시에, 고살죄에 대하여는 엄격하게 사형을 규정하고 있다(민35:31; 신19:11-12; 레24:17이하 등).

예수님은 제6계명을 심화시켜 새롭게 해석하였다: "옛 사람에게 말한 바 살인치 말라. 누구든지 살인하면 심판을 받게 되리라 하였다는 것을 너희가 들었으나, 나는 너희에게 이르노니 형제에게 노하는 자마다 심판을 받게 되고, 형제에 대하여 라가(욕설) 하는 자마다 공회에 잡히게 되고, 미련한 놈이라 하는 자는 지옥 불에 들어가게 되리라(마5:21-22)"

제7계명

간음하지 말라 (출20:14)

가나안 사람들이 섬기던 바알 종교는 농산물의 수확이 풍성할 것을 기원하는 농업적인 다산 종교(多産宗教)였다. 바알 신은 농산물의 다산을 주관하는 신이었고, 특히 비를 관장하던 신이었다. 그런데 바알 종교에서 농산물의 다산이 이루어지는 관건은, 바알 신이 그의 여신(女神)과 이루는 성적인 결합이었다. 바알 신은 그의 여신(아세라 여신)과 결합함으로써 지상에는 비도 내리게 되고, 농사도 번성하게 된다는 것이다. 그런데 여기서 중요한 것은 바알 신이 그의 여신과 맺는 생식의 결합이 활발하면 할수록, 지상에는 농사가 더욱 풍성한 결과를 가져온다는 것이다.

이러한 생각에서 바알 종교의 특이한 제도가 생겨나게 되었다. 그것은 신전(神殿) 창기 제도였다. 바알 신을 섬기는 사람들은 바알 신의 신전에서 "신전 창기"들과 음행을 행함으로 농업의 번성을 가져온다고 생각한 것이다. 신들의 행동을 인간이 모방함으로, 신들의 행동으로 생겨나는 똑같은 결과가 생겨난다고 믿은 것이다. 그러므로 바알 종교에서는 신전 창기 제도가 중요한 위치를 차지하였다. 바알의 신전에서는 종교라는 이름 아래 신전 창기들과 음란한 음행들이 자행되었다. 이렇게 바알 종교는 종교와 성이 밀착된, 그 자체가 대단히 음탕스러운 종교였다. 이러한 종교였기 때문에 바알 종교는 강한 마력을 가지고 이스라엘 사람들을 유혹하였고 마침내는 이스라엘을 멸망의 길로 빠지게 하였다. 가나안 사람들의 종교가 이렇게 음란하였고, 음행이 공공연하게 자행되었으니, 그들의 일반 윤리 의식이 어느 정도였을까 하는 것을 가히 쉽게 짐작할 수 있다. 이러한 상황에서 구약은 이스라엘 백성들에게 가나안 사람들의 행위를 따르지 말 것을 명령하고 있다. 이스라엘 백성들은 그들과는 확연히 구별되는 사람들이어야 하며 하나님의 법도를 따르며 깨끗한 삶을 살아야 하는 것이다. 특히 이스라엘 사회에서는 결혼의 신성함을 지켜야 했다. 결혼은 하나님께서 제정하신 것이요, 창조의 질서 안에 있는 제도이다. 또한 하나님과 이스라엘 사이에 맺어진 언약의 관계는 부부의 관계로 묘사되었다(호세아, 겔16장; 23장 등). 그만큼 결혼의 관계는 중요한 것이었다. 그래서 유대인들은 결혼 비용이 없어서 결혼을 못하는 경우에는 성경책(성경책은 대단히 비싼 책이었다)을 팔아서까지라도 그 비용으로 결혼은 하는 것은 용서된다고 가르쳐 왔다. 이것은 결혼 제도의 중요성을 말해 주는 것이다.

결혼은 중요한 것인 만큼 부부의 관계는 신비스러울 만큼 신성한 것이다. 그러므로 구약은 결혼의 신성함을 더럽히거나, 부부 관계의 정절을 범하는 자는 남자든 여자든 조금도 가차 없이 엄단하도록 규정하였다(레20:10; 신22:22; 22:13-21 등). 유대인들의 탈무드에는 어떠하든지 정당화될 수 없고, 또 용서 받을 수 없는 죄는 3가지라고 말하고 있다. 그것은 우상숭배의 죄, 다른 사람을 고의로 죽이는 고살죄, 그리고 간음죄이다. 이만큼 제7계명은 하나님의 백성의 삶에 있어서 중요한 규범이다.

우리들은 영혼뿐만 아니라 육체도 하나님께서 창조하신 피조물이다. 희랍 사상과는 달리, 영과 육이 함께 선한 것이며 아름다운 것이다. 그러나 우리들의 육체를 하나님의 창조 질서 안에서 하나님의 뜻에 합당하게 사용할 때 선하고 아름다운 것이다. 창조의 질서를 깨뜨리고 욕망의 노예로 전락하여 육체를 오용할 때, 하나님께서 우리에게 주신 귀한 선물은 가장 추한 것이 되고 용서 받지 못할 죄를 범하게 되는 것이다.

제8계명

도둑질하지 말라 (출20:15)

구약에서 일반적인 절도의 경우에는 "배상법"이 적용되었다. 예를 들어 소나 양과 같은 짐승을 도적질한 경우, 두 가지로 세분하여 도둑이 훔친 짐승을 갖고 있는 경우(즉 도난당한 짐승을 되찾을 수 있는 경우)는 도둑은 주인에게 곱절로 배상하도록 되었다(출22:4). 그러나 도둑이 훔친 짐승을 팔아 버렸거나, 죽여 없앤 경우(즉 짐승을 주인에게 돌려 줄 수 없을 때) 소는 5배로 배상하고, 양은 4배로 배상해야 했다(출22:1). 소에 대한 배상이 양보다 많은 이유는 소는 일을 할 수 있는 짐승이기 때문에 소를 잃으면 일의 손해가 많으므로, 그에 대한 손해배상까지 포함하기 때문이었다. 이상과 같이 구약에서는 일반 절도죄에는 사형과 같은 극형이나 손을 자르는 것 같은 가혹한 형벌을 가하지 않았다. 그 이유는 구약시대에 다른 짐승이나 물건을 훔치는 것은 대부분 경제적으로 가난한 사람들이 궁핍한 가운데 일으키는 범죄였기 때문에 지나치게 가혹한 체형(體刑)에 처하지 아니하였다. 그 대신 배상법을 적용하였다. 그러나 가난한 사람들에게 배상법 자체가 무거운 징벌이었고, 배상할 경제력이 없는 경우에는 종으로 팔려야만 했다. 그러나 종으로 팔릴 경우에도, 제7년이 되는 해에는 종으로부터 해방되도록 제도적 장치가 마련되었다(면제년제도, 출21:2-6; 신15: 12-18). 그러나 도적질의 경우에도 사형의 형벌이 처해지는 유일한 경우가 있었다. 그것은 사람을 훔치는 유괴범의 경우였다. "사람을 후린 자…그를 반드시 죽일지니라(출21:16; 신24:7)." 여기서 사람을 "후리다"라는 말은 히브리 말로 제8계명에 사용된 훔친다(ganab, 가납)라는 말이다. 즉 사람을 후린 자라는 말은 사람을 훔친 자, 즉 유괴범을 뜻한다.

구약에서 유괴범은 사형에 처하였다.

도둑질이란 일하지 않고, 부당하게 불로소득 하는 행위이다. 다른 사람이 애써서 이루어 놓은 결과를 훔치는 행위이다. 이러한 행동은 근본적으로 하나님의 창조 질서에 어긋나는 행위이다. 창세기 1장에는 하나님께서 6일 동안 창조(일)하신 창조 역사가 기록되어 있다. 그리고 창조가 끝나는 날 하나님은 "일"을 끝마치고 안식하셨다고 했다(창2:1-3). 성경에 나타난 하나님은 "일하시는 하나님"이시다.

하나님께서 일하시므로 피조물인 인간도 일하며 살아야 하고, 일한 수고의 대가로 생활을 유지해야 한다. 이것이 창조의 질서이다. 그래서 하나님이 인간을 에덴동산에 두셨을 때도 일하며 살게 하셨다. "여호와 하나님이 그 사람을 이끌어 에덴동산에 두사 그것을 다스리며 지키게 하셨다(창2:15)" 여기서 "다스린다(avad, 아바드)"라는 말은 "밭을 간다, 경작한다"라는 뜻이다. 곧 일한다는 것이다. 에덴의 낙원도 일하는 곳이었다. 일반적으로 에덴동산은 일할 것도 없고 또 일할 필요도 없는 놀고 먹는 곳으로 생각한다. 그러나 창세기에 기록된 에덴동산은 무위도식하는 곳이 아니라, 땅을 갈고 밭을 경작하면서 일하는 곳이었다. 사람이 부지런히 일하면서 정당하게 일의 열매를 얻어서 살아가는 것은 창조의 질서에 속하는 것이다.

어떤 학자는 사람이 일하며 살게 된 것이 타락으로 인한 형벌이라고도 말을 하지만(그 근거로 창3:17-19를 든다), 창세기 3장 17-19절의 말씀은 하나님의 말씀에 불순종한 인간들의 생활과 어려움을 말하고 있는 것이지 노동 자체가 인간 타락의 형벌이라는 말은 결코 아니다. 에덴동산도 일하며 사는 곳이었다. 그러므로 인간의 일은 성스러운 것이요, 건강과 여건이 허락하는 한 열심히 일하며 살아가는 것은 인간을 향하신 하나님의 뜻이다. 그런데 도적질은 이러한 하나님의 창조의 질서에 어긋난 행동이다. 일하지 않고 다른 사람들이 땀 흘려 해 놓은 일의 결과를 훔치는 것이기 때문이다. 그러므로 땀 흘리지 않고, 다른 사람의 노력의 결과를 훔치는 자는 창조의 질서를 위반하고 어긴 자이다. 이렇게 볼 때 되도록 일을 작게 하고 편하게 잘살려고 하는 것은 성서적인 삶의 자세가 아니다.

제9계명

> **네 이웃에 대하여 거짓 증거하지 말라** (출20:16)

구약시대에는 증인의 증언이 효력을 갖기 위해서는 반드시 두 명 이상 증인의 증언이 필요하였다(신19:15). 특히 사형에 해당하는 범죄를 재판하는 경우에는 반드시 두 명 이상 증인의 증언이 필요하였다(민35:30; 신17:6). 이러한 복수 증인 제도는 거짓 증언을 막고, 거짓 증언에 따른 오판을 방지하기 위한 제도적인 장치였다. 그러나 열왕기상 21장에 등장하는 나봇의 비극적인 사건은 거짓 증인에 의해 저질러 진 무서운 범죄였다. 복수 증인 제도로서만 위증을 막을 수 없었고 거짓 증인들에 의해 저질러 진 범죄는 역사적으로 반복하여 일어났다.

시편의 기자들은 거짓 증인들에게 당하는 억울한 고통을 하나님께 호소하였다(시27:12; 35:11 등). 스데반도 거짓 증인들의 증언에 의해서 순교당하였고(행6:13), 예수님을 처형하기 위해서도 대제사장들과 공회는 거짓 증인을 세웠다(마26:59-60). 잠언 6장 16-19절에서는 하나님이 "미워하시고, 그 마음에 싫어하시는 것" 일곱 가지를 열거하고 있다: "교만한 눈, 거짓된 혀, 무죄한 자를 피 흘리는 손, 악한 계교를 꾀하는 마음. 빨리 악으로 달려가는 발, 거짓을 말하는 망령된(거짓된) 증인, 형제 사이를 이간하는 자니라" 거짓을 말하는 거짓 증인은 하나님께서 증오하시고 징벌하신다(잠19:5,9). 그러므로 구약은 "악인과 연합하여 모함하는 증인이 되지 말며… 송사에 다수를 따라 부정당한 증거를 하지 말라"고 명령하고 있다(출23:1-2). 만일 거짓 증인이 위증의 죄를 범한 경우에, 구약은 위증으로 다른 사람에게 해를 주려고 했던 것과 같은 형벌을 내리도록 규정하고 있다(신19:18-21).

제9계명은 좁은 의미로서는 재판의 상황에서 거짓 증언하는 것을 금지한 것이다. 그러나 넓은 의미에서 이 계명은 모든 형태의 부정적인 말을 금지한 것이다. 즉 거짓말, 허위의 사실을 조작, 날조하는 말, 악의로 다른 사람을 중상하고 모략하는 말들은 모두 이 계명과 관련된 것이다. 하나님은 거짓을 행하고, 거짓을 말하는 사람들을 결코 용납하지 못하신다. "거짓 행하는 자가 내 집안(성전)에 거하지 못하며, 거짓말하는 자가 내 목전에 서지 못하리라(시101:7)" 한편 하나님이 기뻐 받으시는 바른 예배를 드릴 수 있는 사람은 어떤 사람인가? 시편 15편 말씀을 보면 "…그 마음에 진실을 말하며 그 혀로 참소(=남을 헐뜯고 중상함)치 아니하는 사람"이 진정한 예배를 드릴 수 있다(시15:2). 주전 7세기 예언자 스바냐는 "거짓을 말하지 아니하며, 입에 궤휼한 혀가 없는 자"만이 구원 받는 "이스라엘의 남은 자"가 될 것이라고 선포했다(습3:13). 또한 요한을 "새 하늘과 새 땅"에는 "거짓말하는 자"는 결코 들어갈 수 없다고 단언하고 있다(계21:27; 22:15). 거짓이 없이 진실을 말하는 사람들만이 새 하늘과 새 땅의 주인이 될 수 있는 것이다.

진실을 말하지 않고 거짓을 말하는 것은 제9계명에 대한 명백한 위반이다. 동시에 진실을 말하는 경우에 진실을 알고 있으면서도 침묵을 지키는 것도 똑같이 제9계명을 위반하는 것이다. 적극적으로 거짓을 말하는 행동이나, 소극적으로 진실을 알면서도 침묵을 지키는 것은 똑같이 정의의 실현을 막는 행동이요, 제9계명에 저촉되는 것이다(레5:1 참조). 제9계명은 이렇게 적극적인 면과 소극적인 면, 양면이 있다. 능동적인 거짓과 허위의 말을 금지하고 있을 뿐 아니라, 수동적인 침묵의 거짓말을 금지하고 있다. 순교자들이 왜 순교를 당했는가? 만일 그들이 "침묵"을 지켰다면, 만일 그들이 일시적인 거짓말을 하였다면 그들은 비참한 순교의 상황에서 벗어날 수 있었을 것이다. 그들은 "침묵"할 수 없었기 때문에, 거짓을 말할 수 없었기 때문에 순교를 당한 것이다. 그러기에 제9계명은 진실과 허위, 침묵과 외침 사이에서 머뭇거리고 주저하는 현대인에게 실존적으로 가장 심각하고 어려운 계명의 말씀으로 우리 앞에 주어지고 있다.

제10계명

> **네 이웃의 집을 탐내지 말라** 네 이웃의 아내나 그의 남종이나 그의 여종이나 그의 소나 그의 나귀나 무릇 네 이웃의 소유를 탐내지 말라 (출20:17)

제7계명과 제8계명은 남의 것을 탐내어 빼앗고 훔치는 행동을 금지하고 있다. 그러나 제10계명은 한 걸음 더 나아가 이러한 불의한 행동을 일으키는 내면의 "탐욕"과 "탐심" 자체를 금지하고 있다. 창세기 3장에 나타나는 인류 최초의 범죄도 바로 탐심이 빚어낸 결과이다. "여자가 그 나무를 본즉 먹음직하고, 보암직도하고, 지혜롭게 할만큼 탐스럽기도(chamad, 하마드)한 나무인지라" 여자는 나무의 실과를 따 먹게 된 것이다(창3:6). 여자가 금지된 나무의 실과를 보았을 때, 그것을 소유하고 먹고 싶은 탐욕에 사로잡혔던 것이다. 또한 이스라엘 백성들이 40년 동안의 길고 고달픈 광야 생활을 뒤로 하고, 여호수아의 영도하에 "약속의 땅"으로 들어가게 되었을 때, 여리고 성을 기적적으로 함락시켰지만, 아이성 주민들과의 전투에서 참패를 당하였다. 이스라엘이 아이성 전투에서 패한 이유는 아간이라는 사람이 하나님의 물건을 도둑질했기 때문이었다. 약속의 땅에서의 최초의 범죄자 아간의 범죄 동기는 "시날 산의 아름다운 외투 한 벌과 은 200세겔(약 600돈)과, 50 세겔 중의 금덩이 하나(약 150돈에 해당)를 보고 탐내어(하마드)" 취하였기 때문이었다(수7:21). 하나님의 명령에 불순종한 인간의 죄악의 뿌리에는 "탐욕"이 도사리고 있었던 것이다.

제10계명은 불의한 행동의 뿌리가 되는 탐욕적인 동기 자체를 금지한 것이다. 본래 인간의 탐욕은 끝이 없는 것이요, 모든 사회적인 부정, 불의, 부패의 근원이 되는 것이다. 특히 권세 있고 힘 있는 자들은 그들의 유리한 위치를 악용하여, 끝없는 탐욕을 채우려 하고 있다. 구약시대의 이스라엘 사회도 예외는 아니었고 예언자들은 힘 있는 자들의 무절제한 탐욕을 무섭게 질타하였다.

탐욕과 탐심은 인간이 범하는 모든 죄악의 시발점이 된다. 그러기에 예수님도 이것을 물리치라고 경고하셨다(눅12:15 참조). 탐욕을 금지한 열번째 계명은 물질에 대한 절대적인 금욕주의를 말씀하신 것이 아니다. 사람이 생존하고 살아가기 위해서는 물질의 소유가 필요하다. 살아갈 집도 있어야 하고, 영양실조나 배고프지 않기 위해서 먹을 것도 있어야 한다. 그러나 자제할 줄 모르는 탐욕은 하나님과의 관계도 바로 되지 못하게 하고 이웃과의 관계도 바로 되지 못하게 한다. 탐욕에 눈이 멀 때 극도의 자기중심적인 이기주의자가 되는 것이다.

구약은 이스라엘 공동체가 탐욕을 자제하고 모든 사람이 함께 어울리는 사랑의 공동체가 될 것을 강조한다. "가진 자"일수록 "갖지 못한 자"들에게 너그러움과 사랑을 베풀어야 한다. 그래서 구약에서는 다른 사회에서 볼 수 없는 독특한 제도가 마련되어 있다(신24:19-21 참조, 추수법). 물질의 소유가 존재의 가치에 우선하는 듯한 오늘의 시대를 살아가는 현대인들에게 제10계명은 하나님의 자녀들이 실천해야 할 계명으로 주어진다.

2

새로 번역된 주기도문과 사도신경

주기도문

하늘에 계신 우리 아버지,
아버지의 이름을 거룩하게 하시며 아버지의 나라가 오게 하시며, 아버지의 뜻이 하늘에서와 같이 땅에서도 이루어지게 하소서.
오늘 우리에게 일용할 양식을 주시고, 우리가 우리에게 잘못한 사람을 용서하여 준 것 같이 우리 죄를 용서하여 주시고, 우리를 시험에 빠지지 않게 하시고, 악에서 구하소서.
나라와 권능과 영광이 영원히 아버지의 것입니다.
아멘.

사도신경

나는 전능하신 아버지 하나님, 천지의 창조주를 믿습니다.
나는 그의 유일하신 아들, 우리 주 예수 그리스도를 믿습니다. 그는 성령으로 잉태되어 동정녀 마리아에게서 나시고, 본디오 빌라도에게 고난을 받아 십자가에 못 박혀 죽으시고, 장사된 지 사흘 만에 죽은 자 가운데서 다시 살아나셨으며, 하늘에 오르시어 전능하신 아버지 하나님 우편에 앉아 계시다가, 거기로부터 살아 있는 자와 죽은 자를 심판하러 오십니다.
나는 성령을 믿으며, 거룩한 공교회와 성도의 교제와 죄를 용서 받는 것과 몸의 부활과 영생을 믿습니다.
아멘.

참고문헌 및 더 읽을 책

Anderson, B.W., 강성열, 노항규역,『구약성서이해』(서울: 크리스찬 다이제스트), 1994.

Bailey, L.R., The Pentateuch (Nashville: Abingdon), 1981.

Barton, J., Reading the Old Testament: Method in Biblical Study (London: Darton Longman & Todd), 1984.

Bright. J., A History of Israel, (Philadelphia: The Westminster Press), 1981.

Brueggemann, W. & H.W. Wolff, eds., The Vitality of Old Testament Traditions (Atlanta: John Knox Press), 1982.

Brueggemann, W., Theology of the old Testament (Mineapolis: Fortress Press), 1997.

Childs, B.S., 김갑동역,『구약정경개론』(서울: 대한기독교출판사), 1987.

Clines, D.J.A., The Theme of the Pentateuch (Sheffield: JSOT), 1978.

Fretheim, T.E., Deuteronomic History (Nashville: Abingdon), 1983.

Friedman, R.E., 이사야역,『누가 성서를 기록했는가』(서울: 한들출판사), 2008.

Hasel. G., 허군호역,『현대구약신학의 동향』(서울: 대한기독교출판사), 1984.

Jagersma. H., A History of Israel in the Old Testament Period (Philadelphia: Fortress, 1979.

Mann, T.W., The Book of the Torah (Atlanta: John Knox Press), 1988.

Rad, G. von, Old Testament Theology, vol. Ⅰ: The Theology of Israel's Historical Traditions (NY: Harper & Row), 1962.

Rendtorff, R., The Old Testament: An Introduction (Philadelphia: Fortress), 1986.

Schmidt, W.H., Old Testament Introduction (NY: Crossroad), 1984.

Westermann, C., Elements of Old Testament Theology (Atlanta: John Knox Press), 1982.

김영봉,『신앙공동체를 위한 신약성서 이해』(서울: 성서연구사), 1995.

김영진,『구약성서의 세계』(서울: 하늘서원), 2009.

김학철,『성서, 그토록 오래된 새 이야기』(서울: Bluesword), 2008.

김학철,『손으로 읽는 신약성서』(서울: 크리스찬 헤럴드), 2006.

문상희, "신약성서,"『성서와 기독교』(연세대학교출판부), 1985.

문시영, 최태수,『바이블 2.0』(서울: 북코리아), 2008.

박준서,『구약세계의 이해』(서울: 한들출판사), 2001.

박준서,『성지순례』(서울: 조선일보사), 1992.

박준서, "구약성서,"『성서와 기독교』(연세대학교출판부), 1985.

박준서,『십계명 새로 보기』(서울: 한들출판사), 2001.

박종수,『구약성서 역사이야기』(서울: 글터), 1996.

서중석,『바울서신해석』(서울: 대한기독교서회), 1998.

서중석,『복음서해석』(서울: 대한기독교서회), 1991.

오택현,『새롭게 읽는 구약성서』(서울: 크리스찬 헤럴드), 2005.

왕대일,『신앙공동체를 위한 구약성서 이해』(서울: 성서연구사), 1993.

월요신학서당편,『새롭게 열리는 구약성서의 세계』(서울: 한국신학연구소), 1990.

월요신학서당편,『신약성서는 오늘 우리에게 이렇게 증언한다』(서울: 한국신학연구소), 1987.

이사야, "신명기역사서의 리더들,"「기독교세계」942-949호 (서울: kmc), 2009.

장석정,『출애굽기의 광야생활』(서울: 대한기독교서회), 2001.

장석정,『출애굽기의 출애굽』(서울: 대한기독교서회), 1999.

장일선,『다윗왕가의 역사이야기』(서울: 대한기독교서회), 1997.

성서와 리더들
Bible and Leaders

더 생각해 보기

학과 학번 성명

1. 처음 무대, 처음 사람들

- 일과 행복이라는 의미에서 성서의 에덴동산과 동양의 무릉도원 개념은 서로 어떤 차이가 있을까요?

- 하나님의 결혼선언에 대한 성구를 찾아봅시다(창 2:18-24). 서로 "돕는 배필"이라는 말은 어떤 의미가 있을까요?

2. 노아와 홍수 이야기

- 지금 우리가 사는 세상은 노아의 시대와 어떤 점에서 닮았다고 할 수 있습니까?

- 이 시대 기독교와 교회의 진정한 사명은 어디에 있다고 생각합니까?

3. 약속의 주인공, 아브라함

• 기독교에서 아브라함은 믿음의 조상으로 불리고 있습니다. 아브라함에게서 본받을 수 있는 믿음이란 어떤 것인지 정리해 봅시다.

• 아브라함이 롯에게 땅 선택권을 양보한 모습을 보면서 '손해'와 '희생'의 차이를 구분해 봅시다.

4. 꿈꾸는 비전의 사람, 요셉

- 꿈(dream)과 비전(vision)은 어떤 점에서 차이가 있다고 생각합니까?

- 시험(test)과 유혹(temptation)을 구분할 수 있습니까? 내가 뿌리쳐야 할 유혹은 어떤 것들이 있습니까?

5. 리더십의 모델, 모세

- 모세에게서 배우는 바른 리더의 자질은 어떤 것들이 있을까요?

- 모세를 주인공으로 다루고 있는 영화들은 어떤 것들이 있나요? 그의 일생에서 가장 위대했던 순간은 언제라고 생각합니까?

1. 여호수아와 사사들

• 여호수아는 어떤 면에서 모세를 닮았습니까?

• 혹시 여리고 성과 아이 성의 전투에서처럼 큰 일에는 성공하고 오히려 작은 일에 실패해 본 적이 있습니까? 그 이유가 어디에 있다고 생각합니까?

2. 버림받은 왕, 사울

- 왕정 제도와 민주주의에 대한 성서와 당신의 견해는 각각 어떠합니까? 긍정적/부정적이라면 어떤 면에서 그러합니까?

- 혹시 잃어버린 초심(初心)이 있다면 어떤 것들이 있습니까?

3. 하나님이 인정한 중심, 다윗

• 하나님이 인정하신 다윗의 중심이란 과연 무엇이라고 생각합니까?

• 리더(Leader)와 보스(Boss)는 어떤 점에서 차이가 난다고 생각합니까?

4. 솔로몬과 왕국의 분열

• 성전(=교회)의 진정한 존재 이유는 어디에 있다고 생각합니까?

• 통일 이스라엘이 분열된 이유는 어디에 있었습니까? 또 당신이 생각하는 통일의 전제 조건으로는 어떤 것들이 있습니까?

5. 종교개혁의 주인공들

• 왜 성서는 히스기야와 요시야에 대해서 극찬을 아끼지 않을까요? 두 사람의 공통점은 무엇입니까?

• 당신이 알고 있는 근대사에서의 종교개혁은 어떤 것들이 있습니까? 그 종교개혁의 주인공들은 누구누구입니까?

1. 사랑의 사람, 예수

- 인생의 고난에 대해 나는 어떤 생각을 가지고 있습니까? 내 인생의 최후 승리를 믿고 있습니까? 나의 사명 선언문을 A4용지 한 페이지에 써 봅시다.

- 우리가 돌아보아야 할 지극히 작은 자는 누구인가 이야기 해 봅시다.

2. 사랑을 확장하는 사람, 바울

- 지금 나의 문제들을 관통할 수 있는 중요한 해결 방법은 무엇입니까? 그리고 나를 반대하는 사람들에게서 나는 어떻게 리더십을 발휘할 수 있습니까?

- 내가 생각하는 인생의 본질은 무엇입니까?

3. 진리의 수호자, 요한

• 나는 올바른 가치관을 지키기 위해 어떤 노력을 하고 있습니까?

• 나는 구체적인 현실에서 사랑과 정의의 일치를 어느 정도 이루어 가고 있습니까?

4. 실천적 리더, 야고보

• 루터가 야고보서를 '지푸라기 서신'이라고 말한 이유는 어디에 있습니까?

• 인내와 지혜라는 관점으로 나를 볼 때 나의 인내 지수는 어느 정도입니까?

5. 열정의 사람, 베드로

- 나를 나로 존재하게 하는 뿌리의 힘, 근본 경험은 무엇입니까?

- 나는 일관성과 열정을 갖추고 있다고 생각합니까?

!